SECCIÓN OBRAS DE FILOSOFÍA

ELOGIO DE LA DESOBEDIENCIA

Traducción
VÍCTOR GOLDSTEIN

RONY BRAUMAN
EYAL SIVAN

Elogio
de la
desobediencia

FONDO DE CULTURA ECONÓMICA

MÉXICO - ARGENTINA - BRASIL - COLOMBIA - CHILE - ESPAÑA
ESTADOS UNIDOS DE AMÉRICA - PERÚ - VENEZUELA

Primera edición en francés, 1999
Primera edición en español, 2000

Título original:
Éloge de la désobéissance
ISBN de la edición original: 2-746-50016-7
© Librairie Arthème Fayard, 1999

D. R. © 1999, Fondo de Cultura Económica de Argentina, S. A.
    El Salvador 5665; 1414 Buenos Aires
    e-mail: fondo@fce.com.ar
    Av. Picacho Ajusco 227; 14200 México, D. F.

ISBN: 950-557-349-9

Impreso en Argentina - Printed in Argentina
Hecho el depósito que marca la ley 11.723

Agradecimientos

Sophie Ernst, Claudine Vidal y Marc Lepape se ocuparon de releer nuestro manuscrito a medida que éste progresaba. Sus observaciones y críticas, en ocasiones mordaces y siempre específicas, permitieron eliminar de este texto la mayor parte de los estereotipos y aproximaciones que contenía. Queremos expresar aquí nuestro profundo agradecimiento por su trabajo. Armelle Laborie, pese a su ardua tarea de producción, puso a punto el libreto de *Un especialista* con el rigor que la caracteriza. Sabemos cuánto le debe este trabajo y le expresamos todo nuestro agradecimiento.

Este libro, que culmina una tarea de puesta en imágenes del caso Eichmann emprendida cinco años atrás, no existiría sin la ayuda de aquellos que nos brindaron su confianza y nos demostraron su interés desde el comienzo. Entre ellos, debemos mencionar a Werner Dutsch, productor de la WDR, gracias a quien fue posible emprender el trabajo sobre el film, y cuyos consejos en la sala de montaje nos resultaron particularmente valiosos. Durante dieciocho meses Audrey Maurion, montajista en jefe, no escatimó su talento, su amor por el cine y su rigor profesional al servicio de este film. Pierrette Antona, con su entusiasmo y su atenta paciencia, fue un sostén sin fisuras a lo largo de un recorrido caótico. Y muchos más, que no podemos mencionar aquí porque la lista sería demasiado larga, han permitido, por diversos motivos, que este proyecto viera la luz. Esperamos que puedan reconocerse en el resultado de este trabajo colectivo, y a todos ellos les damos nuestros muy sinceros agradecimientos.

PARTE I

El ascenso de un empleado modelo

Nuestro hombre es uno de aquellos que cualquier régimen sueña con tener entre sus filas. Por cierto, con su aspecto de empleado modelo apto para todo servicio, sus anteojos de carey, su espalda levemente encorvada, su calvicie naciente, no tiene buena apariencia. Además, su comportamiento de burócrata meticuloso a ultranza evoca más el universo de Courteline* que el de Shakespeare. Por lo que respecta a su imaginación y a su capacidad de tomar decisiones, no contrastan en general con su figura: el hombre no es necio, pero el perímetro de su iniciativa está limitado por las instrucciones que recibe de sus superiores. E incluso es necesario que éstas hayan sido debidamente avaladas por la jerarquía.

Decididamente, no fue a causa de su carisma ni por su espíritu de síntesis por lo que se lo contrató y, algunos años más tarde, se encontró en un puesto clave de la organización que tanto admiraba. Pero este hombre tenía grandes cualidades para ofrecer a sus empleadores, que supieron reconocerlas en todo su valor: organizador metódico, trabajador sacrificado, se consagró por completo a su trabajo con un interés ilimitado y una lealtad a toda prueba. Más aún: debido a que le confiaron la tarea de ocuparse de un material que sólo conocía de nombre, por su cuenta y a su propia costa –pues no logró el reembolso de sus gastos–,

*Georges Courteline (1858-1929), autor de comedias satíricas. [N. del T.]

11

investigó las especificidades y las propiedades de su nuevo campo de trabajo. Incluso se convirtió en un especialista reconocido y fue requerido para dictar conferencias sobre el tema. Así fue como ese empleado raso progresó en la jerarquía y, a los treinta y dos años, fue promovido a una función de dirección logística y operativa a escala europea. Y jamás flaqueó, a despecho del peso creciente de sus responsabilidades. En la medida en que se lo solicitaron, puso sus talentos y sus aptitudes al servicio del objetivo de producción de la empresa, donde, hasta el fin, dio muestras de una eficiencia perfecta.

Durante seis años, desde su alto cargo burocrático, organizó la reunión, depuración, evacuación y luego transferencia hacia diferentes destinos del *material biológico* que le había sido confiado, para lo cual tuvo que desplegar grandes talentos de negociador y organizador, sin desalentarse jamás ante las innumerables dificultades materiales con las que tropezaba en su camino. Por mucho que cambiara la estrategia de la empresa en el curso de su carrera, él supo acompañar sus vericuetos. Una vez entregado, dicho material fue sometido a un "tratamiento especial" que no contó con su aprobación. Pero como esta etapa de la cadena de producción ya no era de su incumbencia, circunstancia de la cual seguía regocijándose en vísperas de su muerte, consideró que no debía emitir juicio. Este ingeniero de lo que en realidad era una industria de la masacre no soportaba ver sangre, y nada le agradaba más que el trabajo bien hecho, los formularios y las estadísticas.

Este hombre es el teniente coronel SS Adolf Eichmann, alemán, ex jefe de la oficina IV-B-4 de la Seguridad interior del III Reich. "Especialista en la cuestión judía", fue el encargado de la expulsión de los judíos del Reich entre 1938 y 1941.

Luego, entre 1941 y 1945, organizó la deportación de los judíos de Europa, así como de los polacos, eslovenos y gitanos hacia los campos de concentración y exterminio. Este "experto en emigración", jefe de logística de la "solución final del problema judío", llevó a cabo su misión hasta la última instancia con una lealtad absoluta. Capturado en Buenos Aires por los servicios secretos israelíes en 1960, fue juzgado en Jerusalén al año siguiente, y luego ahorcado.

Frente a la Corte de Jerusalén y a los sobrevivientes del infierno de los campos, aquel a quien el fiscal presentó como una encarnación del demonio debió responder por el papel que había desempeñado en la aniquilación de varios millones de personas.

El punto de partida de este libro es el film *Un especialista*, largometraje documental escrito por los mismos autores, realizado tomando como única fuente los archivos de video del proceso Eichmann, y cuyo guión constituye la segunda parte de este libro. Se trata del primer film que toma a un burócrata criminal como el personaje principal. *Un especialista* es un ensayo político sobre la obediencia y la responsabilidad, construido a partir de la dramaturgia del proceso e inspirado en la obra de Hannah Arendt, *Eichmann en Jerusalén. Informe sobre la banalidad del mal*.[1] La reflexión que plantea el film se propone ilustrar la presencia del "caso Eichmann" en nuestro entorno familiar y mostrar los estragos de la obediencia.

Este hombre que adormeció su conciencia, que rehusó confrontar sus actos con la cuestión de su propio sentido, que no vio a su alrededor más que problemas y soluciones técnicas, sólo se expresaba a través de estereotipos. En otras palabras, no pensaba. Su sentimiento, descrito con complacencia, de ser un "instrumento en manos de fuerzas superiores", una "gota de agua en el océano", es muy de nuestro mundo. Como también son nuestros el vértigo de la impotencia y el sentido del orden de los *Judenrate* (consejos judíos), esas instituciones impuestas por los nazis e integradas por judíos notables, que tomaron el relevo de su acción.

Adolf Eichmann, el empleado modelo, el gran ejecutor, el apóstol negro que envió a millones de seres humanos a la muerte, es todavía un motivo de escándalo. Más de treinta años después de la aparición de la obra de Hannah Arendt *Eichmann en Jerusalén...*, este personaje sigue siendo un problema. Si el caso Eichmann continúa suscitando fuertes controversias, seguramente no es porque existan dudas acerca de su culpabilidad. Eichmann debe ser ubicado entre los criminales más eminentes de la Historia, esto es del orden de la evidencia. Los testimonios orales, escritos, filmados que fueron producidos sobre el sistema de los campos de concentración nazis desde los años de la posguerra hasta nuestros días dieron cuenta ampliamente de las atrocidades nazis, y la participación activa de Eichmann en esta carnicería no suscita dudas para nadie. Ni siquiera, en cierta medida, para el propio Eichmann.

El problema siempre candente que plantea este oficial de policía radica en otra parte: en la naturaleza y el estatuto de sus actividades criminales, en la delimitación de sus tareas específicas, en las descripciones y explicaciones detalladas que brinda en el curso de su proceso. Eichmann, se sabe, se consideraba como un simple "engranaje", una "rueda de transmisión", según sus propias palabras. Esta posición es tan conocida que, de allí en más, la silueta del hombre en la jaula de vidrio remite tan sólo a ese papel, calificado de táctica de defensa.

Un hombre que debe responder por tantos crímenes, se dice, no podía ser más que un "tomador" de decisiones, cuyo último insulto a la humanidad consistió en escudarse tras la falaz justificación de la obediencia a las órdenes. Un hombre que envió a tantos otros a la muerte sólo podía estar animado por una demoníaca sed de mal, un placer por la destrucción que, según las palabras del fiscal durante su proceso, lo ponía en el rango de las bestias salvajes. Esto implicaba ignorar esa observación capital hecha por Primo Levi en 1960, luego de la captura de Richard Baer, el hombre que dirigió el campo de Auschwitz luego de Rudolf Hess:

> Baer pertenece al tipo de hombre más peligroso de nuestro siglo. Para quien sabe mirar, está claro que sin él, sin los Hess, los Eichmann [...], sin los mil otros fieles, ejecutores ciegos de las órdenes recibidas, las grandes fieras, Hitler, Himmler, Goebbels, habrían sido impotentes, habrían estado desarmados [...]. Hubieran pasado como siniestros meteoros por el cielo de Europa.[2]

Pero esta visión prosaica fue demolida, tanto durante el proceso Eichmann como en un movimiento más amplio que transformó, como la percepción de Vichy en Francia, la representación de esos tiempos sombríos.

En efecto, fue en el curso de los años sesenta que un acontecimiento inédito –*mise à mort*– adquirió paulatinamente un *status* sagrado. Con él se vinculó un nombre propio, el término bíblico de Shoah, que rubricaba su absoluta singularidad y remitía a una concepción religiosa de esta parte de la historia de los hombres: el acontecimiento fue declarado inconcebible, indecible, inmostrable, destinado a un más allá metafísico que por naturaleza se sustraía a toda comprensión. A partir del momento en que, rompiendo con esta concepción sacralizante, se veía en este criminal a un burócrata infatigable, respetuoso ante todo de la ley y de la jerarquía, se pasaba a ser sospechoso de entrar en su lógica y de dejarse mecer por las mentiras del monstruo; describir e interrogarse acerca de la colaboración de los consejos judíos en el aparato de deportación instalado por Eichmann era correr el riesgo de ser acusado de confundir a víctimas con verdugos. Tomar como tal a este personaje, en suma banal, era –y sigue siendo– banalizar el nazismo, ser sospechado de inconsciente o de solapada complicidad con Hitler. A partir de ahora, repatriar el "planeta Auschwitz" al mundo de los hombres, y por tanto refutar la idea de "radical singularidad de la Shoah", es exponerse a la acusación de "lepenización": entre el "detalle" y lo absoluto, la elección se ha vuelto obligatoria.

Por razones que se expondrán más adelante (véase cap. II), muy pocos observadores se tomaron el trabajo de escuchar al acusado durante las largas semanas de interrogatorio en las que debió explicar en detalle sus actos. Cierto es que al padecer sus largas declaraciones, donde se mezclan indistintamente lo esencial y lo accesorio, el proceso de conjunto y el detalle burocrático, en un lenguaje administrativo sofocante, rápidamente uno se siente invadido por el desaliento. Sin embargo, en el curso de esta fase del proceso, Eichmann va más lejos, mucho más lejos que una simple posición táctica de defensa. Pone de manifiesto las modalidades prácticas, las formas retóricas primordiales del discurso de la obediencia y de la lealtad: su tarea era técnica, compleja, y exigía un cuidado meticuloso. Él, el "hombrecito", nada podía decir contra las directivas dictadas desde arriba, por gente que, por lo demás, ninguna idea tenía acerca de los problemas prácticos que ellas planteaban sobre el terreno. Él, que no experimentaba ningún odio hacia los judíos, hubiera preferido, y por lejos, que todo eso no ocurriera. Y considera haberlo demostrado sin ninguna duda –antes de la puesta en marcha de la "solución final"– trabajando con ardor en la "emigración acelerada" de los judíos. Conserva un recuerdo feliz de ese período 1938-1939, en que pudo poner en práctica su agudo sentido de la organización para administrar la expulsión de los judíos de Austria, Checoslovaquia y Alemania. Su colaboración con algunos notables de la comunidad judía había sido sostenida, constructiva, él apreciaba a los representantes sionistas que trabajaban con él en la "emigración acelerada". Para él fue un período de "cooperación feliz", fuente de una "alegría creativa". La "Agencia central para la emigración de los judíos" que instaló en Viena reagrupaba en un solo lugar a todas las administraciones implicadas en la identificación, la incautación de los bienes y la concesión de los documentos necesarios. Esta fábrica de expulsiones era el orgullo de Eichmann, que la describía como "una innovación sin precedentes en la historia de la administración germano-prusiana". Su único pesar residía en que la expulsión de los judíos del Reich no hubiera podido ser llevada a término, "pues entonces todo habría sido diferente". Uno estaría casi dispuesto a creerle cuando encuentra "lamentable" el despojo que precedía a la expulsión, pero, en este caso, su eventual sinceridad no tiene ninguna importancia. De buen o mal grado, él organizó el saqueo de los emigrantes.

Cuando cambió la política, su tarea evolucionó. De la "emigración planificada", en el otoño de 1941 se le ordenó pasar a la "evacuación hacia el Este". Dicho en otras palabras, de la expulsión fuera del Reich se pasó a la "reinstalación", es decir, a la transferencia hacia los campos y grupos de exterminio. Reinhardt Heydrich, el jefe de policía, lo convocó a su despacho para decirle: "El Führer ordenó la destrucción física de los judíos". Entonces se adaptó. ¿Quién era él para modificar el orden de las cosas? Por lo demás, no entendía nada de política. Puesto que había que hacer ese trabajo, le gustara o no, había que hacerlo y hacerlo bien, porque de ello dependía la justificación de su puesto, la continuación de su carrera, así como el respeto a su juramento de lealtad y obediencia. No sin razón observa que si hubiera abandonado su puesto, otro lo habría ocupado en su lugar, y el resultado no hubiera sido diferente. Con sus propios ojos vio los diferentes métodos de matanza practicados por los comandos especiales, luego el uso del gas y de la tortura cotidiana en los campos, cuestiones sobre las cuales su superior le había pedido que redactara informes. Ese espectáculo siempre le resultó insoportable, y solicitó a su jefe su traslado. Pero como "un soldado no escoge su puesto", volvió a su trabajo. Sea como fuere, era ante todo un experto encargado de las "cuestiones técnicas de transporte", y nada tenía que ver con el exterminio, cosa de la cual se felicitaba. Por tanto, se había aplicado a una serie de tareas administrativas y logísticas, a complejos trabajos de coordinación, a una faena meramente técnica, como especialista reconocido, sin placer pero sin fallas. Por lo que respecta a los consejos judíos, cuyo papel había evolucionado, también, con el cambio de política, habían cumplido la tarea que Eichmann esperaba de ellos, suministrando a sus servicios valiosos medios administrativos y policíacos.

El perfil que se dibuja a lo largo de las treinta y dos sesiones durante las cuales Eichmann responde sucesivamente a las preguntas de su abogado, del fiscal y de la Corte no es el de un sádico perverso, un *asesino serial* antisemita. Lo que, sin duda, da cuenta de ello con la mayor agudeza es la experiencia de psicología social de Stanley Milgram. Esta extraordinaria experiencia, que merecería figurar en los programas escolares, es reproducida en el film de Henri Verneuil *I como Ícaro*. Recordemos que Milgram, profesor de

psicología en la Universidad de Nueva York, entre 1950 y
1963 llevó a cabo una serie de experiencias para estudiar
las modalidades de la sumisión a una autoridad reconocida
como legítima, en este caso la autoridad científica. Bajo el
pretexto de una investigación sobre el aprendizaje y la memoria, Milgram y su equipo condujeron a hombres y mujeres (llamados "monitores" en la experiencia) a infligir *shocks*
eléctricos de una intensidad creciente a sujetos (llamados
"alumnos") cuyas capacidades de memorización eran supuestamente sometidas a prueba: amarrados a una silla, con
un electrodo fijado en el brazo, éstos debían completar de
memoria listas de pares de palabras que se les leían. Cada
nuevo error del "alumno" era sancionado por una descarga
eléctrica más intensa que la precedente, aplicada por el "monitor". En realidad, los "alumnos" eran extras del experimentador, que remedaban el dolor. Los *shocks* eléctricos
eran simulados, gracias a una impresionante máquina que
poseía treinta manecillas escalonadas de quince a cuatro-
cientos cincuenta voltios y surtidas de menciones que espe-
cificaban desde *"Shock* leve" hasta "Atención: *shock* peli-
groso". Este dispositivo experimental estaba destinado a
probar no las facultades de aprendizaje de los "alumnos",
sino la obediencia de los "monitores". Los dos tercios de
las personas sometidas al experimento cooperaron hasta el
final. Cediendo a las exhortaciones del experimentador, prosiguieron la experiencia, a menudo con angustia y bajo protesta, hasta el nivel de *shock* más elevado. "Tal vez –escribe
Milgram–, ésta es la enseñanza esencial de nuestro estudio:
gente común, desprovista de toda hostilidad, simplemente
llevando a cabo su tarea, pueden convertirse en los agentes
de un atroz proceso de destrucción."[3] Al leer el informe de
esta experiencia, es posible imaginar la ingeniería social de los
nazis como una gigantesa experiencia de Milgram que tomó
a la sociedad europea como laboratorio.

Los sujetos de la experiencia de Milgram no torturaron realmente, pero creyeron hacerlo. Esta violencia les repugnaba, y lo manifestaban, pero en su mayoría aceptaron ser sus agentes, y delegar su responsabilidad personal en la universidad. En el conflicto de valores en que fueron sumidos, privilegiaron la legitimidad conferida por la autoridad científica frente a los principios morales que eran conscientes de traicionar. No deben responder por ningún crimen, ya que sólo participaron en un simulacro. Sólo serían culpables si realmente hubiesen torturado. En este caso, el hecho de que las estadísticas demuestren que la mayoría de sus contemporáneos habría actuado de igual modo en nada los exoneraría de su culpabilidad. No es inútil subrayar esta evidencia, a tal punto la noción de "banalidad del mal" y el caso Eichmann, a los que Milgram se refiere en su análisis, se prestan a enojosas confusiones maximalistas: que Eichmann haya sido un hombre común no puede traer aparejado el hecho de que, al ser todos Eichmann en potencia, todos seríamos culpables. Confundir esta culpabilidad potencial con una falta o crimen reales es descalificar la propia posibilidad de la justicia. Si todo el mundo es criminal, ya nadie lo es, y precisamente eso es lo que Eichmann intentaba hacer valer. Por eso, los trabajos de Milgram y Arendt sólo nos invitan a juzgar cada situación como un acontecimiento nuevo –y por tanto singular–, a pensarnos frente a las consecuencias de nuestros actos. "Moralmente hablando –escribe Arendt–, es casi tan malo sentirse culpable cuando no se ha hecho nada específico como sentirse inocente cuando se es culpable."

En todo el transcurso de esta parte del proceso, la acusación se esforzó por demostrar que Eichmann era ante todo un "dador de órdenes" y no un "receptor de órdenes", co-

mo él decía. Por cierto, para un acontecimiento pesadamente cargado de desafíos políticos, Israel no podía contentarse con un papel secundario, era preciso que encabezara el reparto. Era necesario que el acusado hubiera participado él mismo en la concepción de la solución final, que
la hubiera ordenado y ejecutado "en la alegría y el entusiasmo", según los términos de la acusación. El crimen administrativo no entraba en las categorías jurídicas del ministerio público. Todo transcurrió como si los actos cometidos de hecho por Eichmann fueran secundarios respecto
del desafío de saber si se hallaba en una posición jerárquica que le permitiera o no ser su creador.

En su lamentable lógica burocrática, el acusado refuta
haber tenido conocimiento de que tal tren organizado, por
ejemplo, con destino a Cholm, en Polonia, era un contingente destinado a las cámaras de gas de Treblinka: él, dice,
no estaba informado acerca del lugar adonde eran enviados sus deportados una vez que bajaban del tren, ya que
esa parte no era ya de su incumbencia. Pero –muy por el
contrario– en ningún momento niega haber sido consciente
de que su departamento suministraba el dispositivo administrativo y logístico indispensable para la ejecución en masa. Su descripción del funcionamiento de la industria del
crimen nazi es una autentificación límpida de la representación que hace de ella Raul Hilberg en *La destrucción de
los judíos de Europa*: funcionarios, técnicos, científicos,
empleados, cada uno en su puesto hacía conscientemente
su trabajo, aplicaba procedimientos de rutina, resolvía problemas prácticos. Los códigos lingüísticos –evacuación,
transferencia, reinstalación, procedimiento, tratamiento especial, solución final– camuflaban groseramente la realidad para permitir que todos se abstrayeran de ella. Y si la
mayoría ignoraba el programa de exterminio, aceptaba la tortura en masa, que nadie podía desconocer. Ese torbellino

de violencias era mentalmente neutralizado, como absorbido
en una sucesión de gestos banales. El horror era sepultado
bajo la acumulación de cosas corrientes cuya significación
resultaba fácil olvidar. Cuando pensamiento y sensibilidad
se cierran una a la otra, el activismo destructor puede des-
plegarse sin freno ni límites.

El personaje que nos fue revelado a lo largo de centenares
de horas de archivos filmados de su proceso es realmente el
que Arendt ha descrito en *Eichmann en Jerusalén*...: sus
pensamientos no son horrorosos, son huecos. Las frases hechas que en él hacen las veces de lenguaje lo separan de la
realidad, lo protegen, evitándole "hacer la experiencia del
mal introducido en el mundo [...]. Se trata de no sentir para no pensar, de no pensar para no sentir".[4] El crimen burocrático, cuyas armas son la estilográfica y el formulario
administrativo, cuyo móvil es la sumisión a la autoridad, y
al que nada aparente distingue de un trabajo como cualquier otro, es la forma paroxística de esta disociación mental. Para Eichmann, que lo enuncia como una verdad evidente más allá de toda discusión, una deportación es ante
todo un conjunto de procedimientos que ponen en juego
diversas administraciones. Sus explicaciones detalladas invitan a redescubrir, tras los trabajos de algunos historiadores, que la ejecución burocrática sólo es inteligible en el
marco del análisis de los aparatos de poder y de los procesos de toma de decisión. En eso reside justamente toda la
dificultad para juzgar este tipo de crímenes. Precisamente
con este obstáculo tropezaron los jueces israelíes, y, tras
ellos, otros magistrados que debían juzgar crímenes contra
la humanidad, hasta tal punto a la lógica jurídica de la culpabilidad individual le cuesta dar cuenta de este fenómeno
colectivo.

Por eso, más allá de los desafíos ideológicos y políticos de este proceso, ellos debían demostrar que Eichmann mentía, que disimulaba el nivel jerárquico de su función tras una pantalla de coartadas de todo tipo. Sin embargo, el rigor jurídico, del que el presidente de la Corte, Moshe Landau, se mostró garante obstinado, condujo a los magistrados a interrogarse acerca de la desconcertante posición de Eichmann. Jacob Robinson, consejero del fiscal, da cuenta de esta interrogación en el grueso volumen que dedica a los "errores" de Arendt:[5]

> El testimonio del acusado en este proceso no era un testimonio verídico. Esto a despecho de sus repetidas declaraciones de haber actuado con conocimiento de causa, a despecho de la gravedad de los actos que confiesa y de su voluntad de "develar la verdad para rectificar la imagen errónea de su pueblo y del mundo entero por lo que concierne a sus acciones". [...] Todo su testimonio no fue más que un esfuerzo constante y sistemático de negación de la verdad. Y esto para anular su verdadera cuota de responsabilidad, o por lo menos para disminuirla lo más posible. Sus esfuerzos no carecían de talento, con las características que demostraba durante sus acciones: un espíritu despierto, un reconocimiento rápido frente a toda situación difícil, astucia y un lenguaje huidizo. Entonces se plantea la siguiente pregunta: ¿por qué confesó algunos elementos que lo incriminan y que, a priori, sólo pueden ser probados por su propia confesión, sobre todo sus viajes al Este, en cuyo transcurso observó el horror con sus propios ojos? No podemos interrogar los puntos oscuros del psiquismo del acusado para descubrir dichas razones, sobre todo ahora que está encarcelado.

A despecho de tales interrogantes, la Corte estimó que se había "demostrado que el reo había actuado sobre la base de una identificación total con las órdenes y una voluntad encarnizada de realizar los objetivos criminales". Para que Eichmann fuera plenamente responsable, había que establecer su intención deliberada y su conciencia clara de hacer el mal, pues esos factores subjetivos son bases esenciales del pensamiento jurídico moderno. En caso de alienación, cuando se ve atacada la facultad de distinguir el bien del mal, el asesino puede ser exonerado de su responsabilidad penal y confiado a la medicina. Cuando se trata de homicidio involuntario, por negligencia o accidente, o incluso de crimen cometido bajo coerción, la culpabilidad sólo es parcial y la sanción disminuida, debido a circunstancias que atenúan la gravedad de los hechos brutos.

Prisionera de esta lógica, la Corte no podía remitirse a las confesiones, sin embargo detalladas, del acusado: Eichmann, "el monstruo", el "ser bestial" que había querido la aniquilación de millones de seres humanos, era arrojado por ello a un universo de locos furiosos a los que ningún ser dotado de razón se puede asemejar. Sin embargo, si realmente hubiera sido así, su proceso habría perdido todo interés, reduciéndose al juicio de un Jack el Destripador o de un psicópata cualquiera cuyos actos sólo remitirían a su espíritu perturbado. Pero no era éste el caso. Eichmann, culpable de un crimen extraordinario, era un hombre común, cuya "normalidad es mucho más aterradora que todas las atrocidades reunidas", como lo subraya Hannah Arendt. No es el genocidio, que tiene precedentes en la historia, sino el crimen administrativo y la ejecución industrial lo que constituye el crimen moderno por excelencia. Puesto en práctica por una burocracia anónima, malogra la justicia, que no puede castigar colectivamente. El arma del propio crimen –las cámaras de gas– es un "instrumento de homicidio anónimo", escribe Pierre Vidal-Naquet. "Es la situación provocada por Ulises cuando toma el nombre de Nadie y el desdichado Polifemo grita que Nadie lo cegó. [...] Nadie es el verdugo porque todo el mundo participa en el homicidio, lo cual facilita todas las negaciones."[6]

Sin embargo, en 1932 el acusado se había unido en Austria a las filas de las SS, cuando nadie lo obligaba a hacerlo. En esta adhesión puede percibirse la manifestación de un antisemitismo y un racismo fanáticos suficientes por sí solos para poner en ridículo esa visión de un funcionario y un padre tranquilo. Su alistamiento precoz en la milicia nazi bien podría ser el primer signo revelador de la verdadera naturaleza de Eichmann, ideólogo violento, anunciador del futuro asesino de judíos. Pero tal lectura no resiste el análisis. No es banalizar a las SS recordar la proliferación de ligas y cuerpos francos en esa Europa en ruinas, marcada por la violencia de la Primera Guerra Mundial. Como muchos otros, Norbert Elias también recuerda, en su autobiografía, que al filo de esos años 1920-1930 resultaba imposible sostener una reunión política sin protegerla de los ataques de milicias hostiles a través de imponentes servicios de orden, en el contexto de derrumbe del monopolio estatal de la violencia que marcó la caída de la República de Weimar. El repudio del ideal democrático en esa Europa en crisis se manifestaba por un "poderoso retorno en favor de los valores autoritarios, por la afirmación explícita de los principios de orden y autoridad".[7] El rechazo a la sociedad existente se expresaba en la adhesión a un modelo social fundado en la jerarquía y el orden militar.

Fue en ese contexto en que el joven Eichmann, pequeño burgués educado en un ambiente cristiano, ingresa en las SS y en el partido nazi. Su adhesión no está ligada al programa del partido o a *Mein Kampf*, que no leyó. Ante el tribunal, él declaró "haber sido avalado por el Partido", sin haberlo decidido y sin ni siquiera esperarlo. Un amigo de la familia, Ernst Kaltenbrunner, que luego sería su jefe en la Gestapo, le propuso un día ingresar en las SS. Eichmann respondió: "¿Por qué no?". Excluido de su trabajo, frustrado en sus tentativas de integrarse a la buena sociedad, podría volver a empezar de cero. En su vida monótona de desclasado, finalmente se había abierto la perspectiva de una carrera. Miembro de las SS, con seguridad no se sentía ofuscado por los discursos racistas de sus colegas y de sus relaciones. Sencillamente, él era alguien de su época.

En toda Europa dominaba la convicción, sostenida por innumerables "trabajos científicos", de que algunos pueblos están condenados a la inferioridad, son ajenos a la civilización. Inútiles, superfluos en el mejor de los casos, su destino era ser sojuzgados por razas civilizadas. Matar "indígenas" en las colonias era, a lo sumo, un pecado venial. El *apartheid* aún no se había desmantelado en Estados Unidos en el momento en que Eichmann comparecía en Jerusalén. Elaborada en el siglo XIX, esta visión del mundo a través de una jerarquía de las "razas" dominaba el imaginario europeo. Hasta la posguerra, la ciencia europea se atribuía el poder de pronunciarse sobre el valor intelectual de las razas humanas.

Probablemente Eichmann era antisemita, pero no más que cualquier otro. En cuanto a lo esencial, dijo la verdad acerca de su papel en la "solución final" en el curso de este proceso. Es altamente probable que sólo haya sido el ejecutor de una ley criminal, y hasta es posible que interiormente la haya desaprobado. Es precisamente de esta obediencia y de sus consecuencias inmediatas que él es culpable, y no de haber cumplido alguna función estratégica en el aparato nazi, combinada con una oscura sed de mal. Los elementos de descargo puestos de manifiesto por Eichmann constituyen justamente la carga de su responsabilidad en esa matanza administrativa, que es el crimen moderno por excelencia.

Al poner en escena los archivos de video del proceso, no hicimos otra cosa que exponer, en la forma de una acusación, la posición defensiva de Eichmann. A nuestro modo de ver, quisimos mostrar los desafíos de una elección, de una alternativa: sumisión a la autoridad o afirmación del juicio personal; renunciamiento a la responsabilidad o autonomía de la persona. La situación extrema creada por la furia hitleriana no remite sólo a un episodio singular de la historia de las desdichas de un pueblo. Ella nos habla del presente, nos devela una dimensión terrorífica de la modernidad, cuya presencia difusa en la vida cotidiana todos podemos comprobar. La hemos adoptado para dibujar en germen los estragos de la obediencia, conservando en el espíritu la requisitoria propuesta por Arendt en el epílogo de su *Informe sobre la banalidad del mal*:

> Sólo nos interesamos en sus actos. Su vida interior, que tal vez no era la de un criminal, y las potencialidades criminales de quienes lo rodeaban nos importan poco. Se describió usted como alguien que no tuvo suerte; y, conocedores de las circunstancias, estamos dispuestos a reconocer, por lo menos hasta cierto punto, que si se hubiera beneficiado de circunstancias más favorables, probablemente jamás hubiera debido comparecer ante la justicia, ante éste u otro tribunal. Así, pues, supongamos, para las necesidades de la causa, que únicamente la mala suerte hizo de usted un instrumento que consintió el asesinato en serie. Pero lo fue por su plena voluntad; usted ejecutó, y por tanto sostuvo activamente, una política de asesinatos en serie. Pues la política y el jardín de infantes no son lo mismo: en política, obediencia y sostén son una unidad. Y como usted sostuvo y ejecutó una política que consistía en negarse a compartir la tierra con el pueblo judío y los pueblos de cierta cantidad de otras naciones –como si usted y sus superiores tuvieran el derecho de decidir quién debe o no habitar este planeta–, nosotros consideramos que nadie, ningún ser humano, puede tener ganas de compartir este planeta con usted. Por esta razón, y solamente por ella, debe usted ser ahorcado.[8]

Los funcionarios de la memoria

El 25 de mayo de 1960, David Ben Gurion anuncia ante el Parlamento la presencia en Israel de Adolf Eichmann, capturado por los servicios secretos israelíes, y la preparación de su próximo juicio. "Es difícil recordar una emoción y una perturbación semejantes a las que experimentamos esta semana",[9] podía leerse en el gran periódico *Ha´aretz*. Ese plural indicaba el resurgimiento de un sentimiento de unidad nacional ampliamente difundido desde la guerra de independencia, trece años antes.

El orgullo ante esa operación audaz, llevada a cabo por un comando judío contra un verdugo nazi, se mezclaba con una exigencia de justicia, a la espera de un castigo. Rápidamente se sumó a ello el miedo a quebrar el silencio en el cual se habían encerrado los sobrevivientes del genocidio, la angustia por enfrentar los recuerdos: iba a ser necesario exponer, narrar, y no era ésa la menor de las razones de la perturbación de la sociedad israelí. El sionismo de los orígenes nada tenía que ver con un proyecto de refugio para perseguidos. En primer lugar, y ante todo, se trataba de un programa de emancipación nacional. El sufrimiento de los judíos, la catástrofe de la que habían sido víctimas, no figuraban en el cuadro que querían pintar los padres fundadores: el de una sociedad de roturadores y constructores, "con la espada en una mano y el arado en la otra".[10] El Estado hebreo, desenlace de un proyecto de emancipación nacional

29

iniciado en el siglo XIX, apenas tenía doce años de existencia. El arquetipo del sujeto israelí deseado por sus dirigentes era el del "hombre nuevo", el combatiente que supiera morir como héroe, en oposición a la imagen fantasmática construida por el antisemitismo del judío encorvado de la diáspora. Además, como en otras partes, la perpetuación del recuerdo de los muertos se realizaba con un objetivo de edificación patriótica. Los que cayeron en el frente no son víctimas sino mártires que aceptaron el sacrificio de su existencia por una causa más grande que ellos mismos.[11] Por su parte, los sobrevivientes del genocidio testimoniaban una muerte sufrida, desprovista de sentido. Su memoria aterrorizada era vivida entonces como una oscura amenaza, como una traba a las fuerzas surgentes de la vida. "Sentimos la angustia de su aliento, el suspiro de sus cuerpos torturados/ Pero también su puño que se cierra sobre nuestras gargantas", escribía a fines de los años cuarenta Nathan Alterman, uno de los grandes poetas de la época, miembro del Mapai, el partido de Ben Gurion. El mismo Alterman que más tarde relató cómo, al ver a una mujer vacilar y desvanecerse cuando oía el anuncio de la captura de Eichmann, la había exhortado a mantenerse firme y orgullosa con estas palabras: "¡Levántate, mujer judía!".

La situación había cambiado mucho desde los años 1945-1948, entre el fin de la guerra y la proclamación del Estado judío soberano, cuando la catástrofe judía era levantada como una bandera que presidía la lucha por el reconocimiento de Israel. El recuerdo candente de los osarios, los campos de sobrevivientes en Europa, los barcos de refugiados que ponían proa hacia Palestina habían suministrado la poderosa palanca, psicológica y política a la vez, que permitió legitimar el gran designio hasta entonces utópico encarnado por David Ben Gurion. La expulsión metódica de setecientos cincuenta mil palestinos fue ocultada por la emancipación de los mártires europeos. El Memorial Yad Vashem, erigido algunos años más tarde en virtud de una ley llamada "Memoria, Shoah y heroísmo", testimonia simbólicamente ese borramiento de una memoria por otra. En efecto, el lugar que alberga el centro de investigaciones y el museo que integran esta institución fue construido sobre las ruinas de un poblado palestino arrasado durante la guerra de 1948.

Sin embargo, una vez establecido el Estado hebreo, el pasado cercano había sido remitido a los limbos de una historia milenaria. Ya no era el momento de los lamentos y de las esperanzas de los supliciados, sino el de la celebración de los héroes. Como en Europa, los sobrevivientes sufrieron la amarga experiencia de la sordera voluntaria de sus contemporáneos. Como en Europa, la consideración y los honores se dirigían a quienes habían combatido. Todos los sobrevivientes del genocidio hicieron la experiencia de esa herida de la incredulidad y la duda, al punto de que algunos, interiorizando ese oprobio, decidieron borrarse el tatuaje que rubricaba su historia.[12] El mismo horror de lo que habían padecido era motivo de sospecha y de rechazo. Nadie quería ni podía hacer frente a tales abominaciones. La angustia provocada por la evocación de los campos se convertía en rechazo. Si era cierto, ¿cómo habían hecho los sobrevivientes para sobrevivir? O eran mentirosos, o eran aprovechadores. "El mundo estaba de acuerdo con el lugar que nos habían asignado los nazis, tanto el pequeño mundo del campo como el gran mundo de afuera",[13] escribió Jean Améry al regresar de su deportación.

La historia de Michael Goldmann, entre muchas historias parecidas, se cruzó por azar con la del proceso Eichmann: detenido a los diecisiete años en un campo de trabajos forzados en la Polonia ocupada, un día Goldmann fue convocado por el comandante del campo, a quien se le ocurrió golpearlo y azotarlo a latigazos. Luego de perder el conocimiento, Goldmann se reanimó, siempre bajo una lluvia de golpes: había recibido ochenta latigazos antes de derrumbarse y tenía la espalda hecha jirones. Sobrevivió y terminada la guerra emigró a Israel, donde tropezó con un muro de incredulidad cuando intentó narrar lo que había vivido: más tarde afirmó que ése había sido el "latigazo número ochenta y uno". El relato de esta última prueba dio lugar a un film, famoso en Israel, que lleva ese título. Con su nuevo patronímico de consonancia hebraica –Michael Gilad– en Israel Goldmann se dedicó a la política y, con Avner Less, participó en el interrogatorio a Eichmann. Asistente del fiscal durante el proceso, aparece en las imágenes de archivo, en particular en un primer plano donde se lo ve encendiendo un grabador para hacer oír a la Corte un pasaje del interrogatorio a Eichmann. Su camisa arremangada permitía ver claramente, sobre el brazo izquierdo, la matrícula tatuada por los nazis. Lo que esta secuencia no muestra es que Michael Gilad prefirió explicar a su joven hijo que se trataba del número de teléfono de su trabajo.[14]

Una versión francesa de esta despreciativa incomprensión fue la que en 1998 dio Pierre Messmer, héroe de la Resistencia y ex primer ministro del general De Gaulle, quien concluyó su testimonio durante el proceso a Maurice Papon con estas palabras: "También querría decir, sea cual fuere el respeto que debemos a todas las víctimas de la guerra, y particularmente a las víctimas inocentes, esas mujeres, esos niños, esos ancianos, que respeto más aún a aquellas que murieron de pie y con las armas en la mano, porque precisamente a ellas debemos nuestra liberación".[15]

Ni siquiera la guerra de independencia de 1948 había generado la fraternidad combatiente que esperaban los lí-

deres israelíes. Veintidós mil sobrevivientes habían participado en ella, lo que representaba un tercio de los efectivos
militares, pese a lo cual para la mayoría de los judíos ya
instalados en Palestina esos inmigrantes no eran aptos para
llevar a cabo la revolución israelí. Considerados prisioneros de su pasado, eran tachados de melancólicos, poco fiables, privados de las cualidades humanas superiores de los
sabras –los nativos de Palestina–. Entre los sobrevivientes
del genocidio y los israelíes se alzaba entonces lo que Ben
Gurion llamó "una barrera de sangre y de silencio, de angustia y de soledad".[16] Esos judíos del exilio habían ido a
los campos "como corderos al matadero", según una expresión ampliamente difundida en Israel. Llegados después
de la guerra como refugiados, los sobrevivientes no estaban allí por convicción ni por un ideal, sino por necesidad.
En la prensa, en los discursos políticos y en las conversaciones los estereotipos antisemitas de la Europa de los años
treinta traducían cotidianamente el desdén de los pioneros
por los "judíos de gueto".

En Israel, los manuales escolares de historia –cuyo contenido era establecido por el Ministerio de Educación– dan
cuenta de ese período de represión del genocidio. Un estudio
consagrado a este tema y que tiene por objeto los manuales
escolares del período 1967-1988 enumera cinco libros –de
alrededor de quinientas páginas– totalmente destinados al
genocidio y ciento treinta y dos páginas reservadas a la Resistencia.[17] El mismo estudio muestra que entre 1949 y 1967
los trece manuales de historia judía sólo dedicaban algunas
líneas, a lo sumo dos o tres páginas, a la Shoah. El volumen
acumulado no supera veinte páginas consagradas al genocidio y cuarenta y tres a la Resistencia, es decir, en cuanto a lo
esencial, a la insurrección del gueto de Varsovia.

Tendremos una nueva medida de lo que nos separa de
las percepciones vigentes en la época si consideramos que

la ley utilizada para juzgar a Eichmann fue adoptada inicialmente para llevar ante la justicia a los colaboradores
judíos de los nazis. La razón de ello es que en 1948 y 1949
la policía y la justicia israelíes habían recibido centenares
de cartas de sobrevivientes que denunciaban la presencia
en Israel de ex cómplices judíos de los nazis, capos, miembros de los consejos judíos y de la policía judía de los guetos.[18] Ninguna disposición del derecho israelí permitía dar
curso a esas quejas, lo cual preocupaba profundamente a
los jueces y a la policía. Por su lado, Ben Gurion en persona se había visto enfrentado a ese resentimiento cuando, al
visitar en 1948 un campo de reagrupamiento de ex deportados en Europa, asistió a una escena de linchamiento de
un ex capo por parte de algunos sobrevivientes. "Creí que
iba a desvanecerse", observa Ruth Aliav, que lo acompañaba durante ese periplo. Ese golpe, amplificado por el abun-
dante correo de denuncia en Israel, lo condujo a someter
esta cuestión al Parlamento. En 1950, tras el fin de la guerra
árabe-israelí, se votó y se promulgó la ley. Más de doscien-
tas instrucciones judiciales se iniciaron luego contra capos
y miembros de la policía y de los consejos judíos, global-
mente clasificados como "criminales de guerra judíos" colaboradores de los nazis. Se realizaron cuarenta y dos procesos. Se dictó una condena a muerte, luego conmutada por
diez años de detención, así como varias condenas a penas
leves de prisión. Los otros acusados fueron absueltos. Sin
embargo, dichos procesos no fueron lo suficientemente cu-
biertos por la prensa, pues inquietaban a los israelíes, como
todo cuanto concernía al genocidio.

Decididamente, el ajuste de cuentas con los ex verdugos
nazis no estaba en el orden del día al filo de los años cincuenta, momento en el que, además, las tareas de construcción del nuevo Estado eran prioritarias. Fue esto lo que llevó al gobierno israelí a iniciar negociaciones con Alemania

respecto de las reparaciones que debían pagarse a las víctimas del nazismo. La muy precaria situación económica hacía de tales negociaciones un desafío de envergadura. Iniciadas en el mayor secreto a partir de 1949, esas negociaciones financieras debían ser acompañadas de un reconocimiento público por parte de Adenauer de la responsabilidad alemana, lo que se logró el 27 de septiembre de 1951 ante el Bundestag. El discurso del canciller había sido sometido a la aprobación y a la corrección de los emisarios del gobierno israelí y de Nahum Goldmann, presidente del Congreso Judío Mundial. En él, Adenauer afirmaba "la voluntad del nuevo Estado alemán de hacer justicia a los crímenes terroríficos del pasado", exonerando de toda responsabilidad "a la inmensa mayoría del pueblo alemán que aborrecía los crímenes de que habían sido víctimas los judíos, y no había participado en ellos". Sin embargo, debido a que tales crímenes habían sido cometidos en nombre del pueblo alemán –proseguía–, exigían una reparación en los planos moral y material. En todo el campo occidental, en este período de fuertes tensiones Este-Oeste marcado por la guerra de Corea, se escribía e imponía una historia edificante. Las prioridades estaban dadas por el imperativo de reconciliación, las exigencias de la reconstrucción y el estrechamiento de relaciones ante el nuevo enemigo soviético. Esas sólidas razones políticas iban en sentido opuesto a las aspiraciones de los alemanes, quienes se creían en regla con su pasado desde el momento en que los más altos responsables nazis habían sido juzgados en Nüremberg.

Entre 1952 y 1963, los 820 millones de dólares pagados por Alemania a Israel en concepto de reparaciones financiaron los equipamientos colectivos, la electricidad y la red ferroviaria en particular. Dicha suma –el 70% de la cual debía ser utilizada obligatoriamente en la compra de mercancías a Alemania y el 30% en la compra de petróleo– era muy inferior a la estimación de las pérdidas materiales de los judíos y a la demanda del gobierno israelí, que fue de mil quinientos millones de dólares. Decididamente, Alemania salía muy bien parada, tanto en el plano financiero como en el simbólico y en el moral. No obstante, por primera vez en la historia los judíos obtenían una reparación como consecuencia de persecuciones antisemitas.

Desde el punto de vista israelí, a despecho de muy fuertes y en ocasiones muy violentas reacciones por parte de la derecha y de la extrema izquierda, las dimensiones psicológica y política de tales medidas eran más poderosas que su función económica, que habría podido ser garantizada por otros medios. No obstante, ese dinero permitió mejorar considerablemente la alimentación en un momento en el que los productos de primera necesidad estaban racionados, el mercado negro se desarrollaba peligrosamente y el marasmo económico y la desocupación, sumados a la tensión en las fronteras, habían provocado movimientos de emigración. También permitió acelerar los programas de construcción de viviendas para los inmigrantes en provecho de los europeos, en un período en que llegaban oleadas de inmigrantes judíos orientales, provenientes sobre todo del Yemen e Irak y luego del Magreb.

Rápidamente los inmigrantes europeos –los ashkenazis– pudieron abandonar las carpas y barracas con que una parte de ellos debió contentarse a su llegada para ser alojados en departamentos y casas. Los orientales, marroquíes en su mayoría, permanecieron durante años en tiendas de campaña, donde debieron hacinarse en duras condiciones. Para ellos la Tierra prometida se asemejaba a un campo de refugiados. La discriminación de que eran objeto los empujó hacia la violencia. Repetidos motines estallaron en 1959, y en su transcurso hasta se oyeron eslóganes que pedían el retorno a Marruecos. Como consecuencia de estas manifestaciones, duramente reprimidas, los orientales fueron instalados en "pueblos en desarrollo", es decir, en cubos de hormigón instalados en el desierto.

Fiel reflejo del racismo que Europa, segura de su "civilización superior", profesaba desde el siglo XIX hacia los "pueblos atrasados", el desprecio para con los judíos orientales se expresaba sin rodeos. El porcentaje creciente de no europeos inquietaba a las autoridades, que en esta inmigración originaria de los "países atrasados del Levante" veían una amenaza para el "mantenimiento del nivel cultural" de Israel. Existía una contradicción entre la necesidad de "material humano" –expresión ampliamente utilizada en los informes administrativos referentes a la inmigración– y la profunda convicción de que el sionismo era ante todo una cuestión de occidentales. Para Ben Gurion, éstos eran "los primeros candidatos a la ciudadanía israelí". Pero como la "nación" judía europea había sido destruida por Hitler, se había visto obligado a recibir a judíos de los países árabes, a quienes la buena sociedad ashkenazi consideraba primitivos.

En línea recta con la antropología racial anterior a la guerra, eminentes universitarios israelíes, todos originarios de Europa central, proponían comparar la "mentalidad primitiva" de los inmigrantes orientales con la "expresión primitiva de los niños, los retrasados o los enfermos mentales".[19] Naturalmente, se trataba de un programa de trabajo científico cuyo objetivo era comprender mejor la mencionada "mentalidad primitiva". Se encontrará una versión aligerada de esta concepción de superioridad en el discurso de apertura del fiscal Hausner, durante el proceso Eichmann: "Los judíos de Europa, en vísperas del Holocausto, representaban el corazón de toda la nación [judía], la fuente de su vitalidad. La gran mayoría de sus guías espirituales vivían o eran originarios de allí".

Según los términos de la Declaración de independencia de
Israel, "desde la época en que el pueblo fue echado por la
fuerza de su hogar nacional [...], jamás dejó de orar y esperar que llegara el día en que finalmente podría recuperar su
hogar nacional para restaurar allí su soberanía". Pero Israel no llegó a ser el centro del mundo judío, porque los judíos, en su mayoría, no habían escogido vivir en él, prefi-
riendo permanecer en sus respectivos países. Al no poder o
no querer quedarse, más de la mitad de los judíos de Europa central sobrevivientes de los campos habían emigrado a
Estados Unidos. Además, en el curso de los años cincuenta,
los judíos orientales, en gran parte ajenos a las persecuciones europeas, representaban ya la población mayoritaria.
Las tensiones sociales y políticas eran serias y, aunque de
ninguna manera ponían en entredicho la existencia del país,
opacaban la imagen de un pueblo unido, reunido en torno
de su sueño milenario. "Esos sefaradíes –observaba David
Ben Gurion en su diario– ignoran totalmente lo que hizo
Hitler; por lo tanto, debemos explicárselo sin vueltas."
¿Qué representarían las pequeñas miserias y vejaciones co-
tidianas, comparadas con tal suplicio? ¿Cómo podrían que-
jarse de estar mal alojados, mal pagados, mal considerados, ante tal diluvio de desdichas?

Fue en este contexto en el que se concibió el proceso a
Adolf Eichmann. "Se necesitaba un acontecimiento que ci-
mentara a la sociedad israelí –escribe Tom Seguev–, una
experiencia colectiva, impresionante, purificadora, patriótica; una catarsis nacional."[20] Si los servicios secretos israelíes no habían sido enviados a capturarlo antes, con seguridad no fue debido a la eficacia de su cobertura, que en la
Argentina era mínima. Uno de los motivos residió en que estaban ocupados en otras tareas de seguridad; otro, en que las
negociaciones con Alemania, mucho más importantes en
los años cincuenta, no debían ser interrumpidas; y, final-

mente, en que durante el curso de esa primera década israelí, tanto en Israel como en otros lugares, los sufrimientos de
los judíos de Europa no estaban en la agenda del día.

Era necesario reunir a esa sociedad fragmentada, y el
proceso Eichmann iba a producir ese efecto. Ben Gurion
quería demostrar que fuera de Israel, único garante de su
seguridad, los judíos corrían peligro de muerte. Pretendía
recordar al mundo que sólo el genocidio de los judíos le imponía sostener el Estado judío, y que todo lo que se le opu-
siera no era más que propaganda antisemita de inspiración
nazi. Esta referencia al nazismo ya había sido invocada contra el presidente Nasser en el curso de la guerra de 1956,
cuando, en la más pura tradición de las expediciones colo-
niales, Francia y Gran Bretaña unieron sus fuerzas con Israel
para "liberar" el canal de Suez nacionalizado por Egipto.
En lo sucesivo, la figura demoníaca de Hitler iba a convertirse en el telón de fondo de las relaciones con los árabes,
oportunamente transformados en herederos ideológicos del
nazismo: "En Egipto y en Siria, los discípulos de los nazis
quieren destruir Israel, y ése es el mayor peligro que nos
amenaza", escribe Ben Gurion al día siguiente del anuncio
de la captura de Eichmann. La comparación es suficientemente impactante y explícita como para que en 1966 el fiscal Hausner pudiera afirmar que "[el proceso de Jerusalén]
tal vez tuvo por efecto impedir que los árabes terminaran
lo que Hitler había empezado atacando a Israel, el país donde se habían instalado los sobrevivientes".[21] Esta retórica
de la persecución continua conocería un gran futuro a partir de los años sesenta, y no se vería verdaderamente debili-
tada hasta nuestros días. Como testimonio de ello, podemos citar, entre muchos ejemplos, la fórmula "frontera
Auschwitz" empleada más tarde por Raymond Aron en vísperas de la guerra de los Seis Días. La invocación del suplicio para designar el conflicto árabe-israelí justificaba de an-

temano la conquista de territorios al precio de la instalación de un régimen de excepción sobre todo un pueblo.

Relegada hasta entonces a la periferia de la sociedad israelí,
la catástrofe judía iba a ser colocada en el centro por ese
proceso. Israel se erigiría en el representante soberano del
pueblo judío, incluso en contra de la opinión de aquellos que,
como los dirigentes de las instituciones judías americanas,
entre otros, impugnaban dicha posición. "Único heredero
de los seis millones de judíos asesinados", como lo afirmaba Ben Gurion, Israel se había autohabilitado para hablar
en nombre del conjunto de las víctimas del genocidio, que,
en forma colectiva, habían recibido la nacionalidad israelí a
título póstumo. Así, las aspiraciones políticas de aquellos que
ya no podían expresarlas eran anexadas autoritariamente al
sionismo. Esta naturalización se efectuó en virtud de la ley
votada en 1953 –la "ley sobre la Shoah y el heroísmo"–,
instituida por el Memorial Yad Vashem.
   No obstante, es importante recordar que, desde los procesos de Nüremberg, los criminales nazis en libertad no sólo no eran muy hostigados, sino que en ocasiones eran directamente utilizados en tareas de policía por muchos go-
biernos. Alemania, por su parte, no estaba muy dispuesta a
solicitar a la Argentina la extradición de Eichmann, máxi-
me cuando cerca de la mitad de sus magistrados aún en
funciones habían ejercido bajo el régimen hitleriano. El Servicio Central de Investigación sobre los crímenes nacional-
socialistas, instalado recién en 1958, tropezaba con todo
tipo de obstáculos. Sólo a partir del arresto de Eichmann
los tribunales alemanes se decidieron a utilizar la informa-
ción de dicho servicio y, además, a detener a hombres como Richard Baer, así como a la mayoría de los miembros
del "comando Eichmann". Fue este mismo servicio el que

reveló la historia del 101° batallón de reserva de policía, esos quinientos "hombres comunes" que, entre julio de 1942 y noviembre de 1943, fusilaron a 38.000 judíos y deportaron a otros 45.000 al campo de Treblinka.[22]

Había sido realmente necesario que los israelíes detuvieran a ese criminal para que surgiera un esfuerzo de justicia en otros lugares. Es por ello que, por importantes que hayan podido ser los debates sobre la necesidad de un juicio llevado a cabo por una Corte internacional, los argumentos en favor de ésta continúan siendo abstractos en el contexto de la época. De no haber sido juzgado en Jerusalén, Eichmann no habría sido juzgado.

Para garantizar la repercusión de un proceso que también representaba una gran lección dirigida tanto a los israelíes como al resto del mundo, la organización material del acontecimiento fue concebida como un espectáculo. La elección en Estados Unidos de John F. Kennedy en 1960, lograda al término de la primera campaña electoral centrada en la televisión, había demostrado la importancia de ese nuevo medio y la fuerza de las imágenes. El jefe de gabinete de Ben Gurion, Teddy Kollek, responsable también del servicio de prensa del gobierno, aceleró la construcción del nuevo teatro auditorio de la Casa del pueblo, única instalación suficientemente amplia para recibir a los centenares de periodistas invitados y para albergar el dispositivo de filmación. Fue en esta sala de exhibiciones, con su piso principal y sus graderías, su escenario y su proscenio, donde se desarrolló el proceso, confiado a la Corte del distrito de Jerusalén y no a una Corte especial. Los tres jueces dominaban el estrado de los testigos, ubicado a su izquierda, y la jaula de vidrio blindado del acusado, a su derecha. Así, pues, acusado y testigos estaban sentados frente a frente, a cinco o seis metros de distancia, de perfil al público. Junto al abogado de la defensa, el fiscal y sus adjuntos estaban situados en el punto de unión de la sala y la escena, de espaldas al público. La enorme cobertura mediática internacional, la difusión de la apertura del proceso a través de altoparlantes colocados en las calles de las ciudades israelíes, la instalación de múltiples salas de retransmisión en directo de los debates y testimonios garantizaron el éxito de la empresa.

El proceso se puso en marcha el 11 de abril de 1961 y duró poco más de cuatro meses, a los que deben sumarse los quince días del juicio de apelación. Recordemos que Eichmann fue condenado a muerte el 30 de mayo de 1962, ahorcado al día siguiente y sus cenizas dispersadas en el Mediterráneo, fuera de las aguas territoriales.

Debido a que el derecho israelí proviene de la *Common Law* británica, la instrucción se desarrolló en la sala de audiencias. De acuerdo con este procedimiento, la declaración previa del acusado fue recogida por un oficial de policía israelí. Este oficial de origen alemán, el comandante Auner Less, cuya madre había sido deportada a Auschwitz y a quien Eichmann consideraba un "colega", grabó durante seis meses, en el curso del año 1960, las respuestas del "testigo" Eichmann a sus preguntas concretas. Las grabaciones íntegras y la transcripción escrita del interrogatorio del policía fueron la primera prueba presentada al tribunal, en forma de cinco voluminosas cajas de archivos. Así fue como Eichmann se convirtió en el primer testigo citado: el ministerio público hizo oír extractos de estas grabaciones, y sobre todo aquel fragmento en que Eichmann recuerda haber oído de Heydrich, en el otoño de 1941: "El Führer ordenó el exterminio físico de los judíos".

Pero Eichmann sólo habló a partir del 20 de junio, fecha en la que comenzó su defensa, y luego de que el conjunto de los testigos de la acusación hubieran sido citados. Entre las tres posibilidades que le ofreció el presidente del tribunal –el silencio, la declaración sin juramento, la declaración bajo juramento–, escogió la última. Su decisión, inesperada, tuvo por efecto alargar el proceso alrededor de cuatro semanas, pues implicaba que el fiscal procediera a un contrainterrogatorio luego del interrogatorio al acusado por parte de su abogado. Fue fundamentalmente el contrainterrogatorio llevado a cabo por la parte acusadora lo que permitió una extraordinaria exploración de ese ministerio público del crimen representado por el reo.

Naturalmente, la lengua oficial del tribunal era el hebreo, por lo cual todas las demás lenguas habladas en la Corte eran traducidas a dicha lengua al final de cada intervención. Los jueces y el fiscal, cuya lengua materna era el alemán, interrumpían con frecuencia a los intérpretes en el curso de la traducción, ya fuera para corregirlos o para dirigirse directamente a Eichmann, o, incluso, para insistir sobre algún punto en particular. Estas interpelaciones eran luego traducidas al hebreo. La duración del proceso se explica entonces no sólo por la enormidad de los crímenes que se juzgaban y por la cantidad de testigos de la acusación, sino también por los procedimientos de traducción, que ocuparon más de la mitad del tiempo. Para los periodistas extranjeros se dispuso una traducción simultánea en inglés, francés y alemán, tanto en el interior como en el exterior de la sala.

La radio israelí fue la encargada de velar por la grabación sonora de los debates. Pero preocupado por conservar la memoria visual de este acontecimiento, el gobierno decidió filmarlo íntegramente y fue el fiscal general quien introdujo la solicitud ante la Corte. No prevista en la tradición jurídica de Israel, la filmación fue el objeto de la primera deliberación del tribunal, un mes antes de la apertura del proceso: considerando, en sustancia, que la radio y la televisión no hacían sino ampliar el área de publicidad y que, citando a Bentham, "allí donde no hay publicidad no hay justicia... la publicidad es el alma misma de la justicia", la Corte autorizó la filmación, lo cual significaba una novedad. En Nüremberg, el gran antecedente, sólo se habían filmado momentos escogidos, mientras que en Jerusalén las cámaras debían rodar de la primera a la última sesión. De esta forma, la televisión daba sus primeros pasos como medio masivo: el proceso Eichmann dio lugar a la primera filmación del mundo realizada en formato video –y no en film– fuera de un escenario de estudio.

En esa época Israel no disponía de una red de televisión, razón por la cual fue necesario apelar a una empresa privada para realizar el rodaje, lo que recayó en la empresa americana CCBC (Capital City Broadcasting Corporation). La Anti Diffamation League, una organización judía americana, consiguió la financiación. Cuatro cámaras de video, disimuladas tras falsos tabiques para no perturbar el desarrollo de los debates, fueron instaladas en el tribunal. Los operadores eran dirigidos desde la consola de video, que transmitía las imágenes de las cámaras sobre cuatro monitores, permitiendo la elección de los cuadros y de los ángulos en tiempo real. El realizador americano Leo Hurwitz seleccionaba cuál de los cuatro ejes sería grabado.

Este dispositivo funcionó desde el 11 de abril hasta el 14 de agosto de 1961, fecha en la cual culminó el proceso y, por lo tanto, el contrato con CCBC. Debido a que el juicio entró en su fase de sentencia, el veredicto sería conocido cuatro meses más tarde. El 11 de diciembre de 1961, una productora de origen israelí tomó a su cargo el rodaje y filmó las sesiones del veredicto, hasta el 15 de diciembre, y luego el juicio de apelación, en febrero de 1962. Utilizando la misma instalación que los americanos, el estudio israelí filmó esta parte del proceso –treinta horas en total– sobre película de treinta y cinco milímetros.

Al término de cada sesión, y durante todo el proceso, se hacía una selección de aproximadamente una hora. Este resumen cotidiano, una serie de extractos de las grabaciones, era enviado por CCBC a un laboratorio londinense, donde la cinta era refilmada a partir de un monitor y el sonido reproducido por separado. Esas copias sobre película de dieciséis milímetros eran luego enviadas a diferentes redacciones de televisión del mundo y su montaje realizado según las indicaciones de los enviados especiales en Jerusalén.

La importancia de este proceso fue considerable en todos los aspectos. El valor humano e histórico de los testimonios escuchados y la extraordinaria descripción que suministró acerca de la maquinaria de muerte nazi le confieren una dimensión jamás alcanzada por ningún otro juicio. Pese a que se rodaron alrededor de quinientas horas de imágenes, que registraban el acontecimiento para la posteridad, gran parte de ese material no fue utilizado y, aún más, la mayor parte de esa grabación fue durante mucho tiempo inutilizable. En efecto, al finalizar el proceso, y debido a una incertidumbre jurídica con respecto a la propiedad de los derechos de explotación, la tonelada y media de cintas de video fue enviada a Nueva York. Durante quince años nadie se interesó por el destino de las imágenes del proceso Eichmann. La productora israelí que había filmado el fallo del juicio y las sesiones de apelación cambió de propietario y el material bruto fue abandonado.

Sólo en 1977, en ocasión del décimoquinto aniversario del proceso y gracias a la donación de un miembro de la comunidad judía americana, las bobinas fueron enviadas a Jerusalén para ser reinstaladas en los archivos del Estado de Israel. Mientras tanto, algunas imágenes se habían extraviado. Poco tiempo después se fundó el Steven Spielberg Jewish Film Archives, cuyo objetivo era reunir todo el material audiovisual referente al judaísmo contemporáneo. Aquí comienza una zona de sombra que, a despecho de nuestros esfuerzos, jamás hemos podido esclarecer en su totalidad.

Las copias de los resúmenes cotidianos que se filmaron durante el proceso estaban guardadas en los archivos del Estado de Israel, pero éstos habían perdido hasta el recuerdo de la existencia de las cintas originales. Los responsables de dicho servicio sólo se enteraron de ello en 1996, en ocasión del barullo provocado por nuestra propia búsqueda y la cascada de conflictos inesperados que trajo aparejada. En cuanto a las cintas originales, fueron halladas en los archivos Spielberg, resguardadas por la Universidad Hebraica de Jerusalén. Nadie parece saber cómo llegaron allí, pero una de las consecuencias de esta transferencia fue un conflicto entre los archivos estatales y los archivos Spielberg referente a los derechos sobre tales documentos. Este conflicto complicó más aún el acceso a las imágenes.

Desde su transferencia a la Universidad de Jerusalén, las voluminosas bobinas fueron almacenadas en el único sitio libre que poseía las condiciones ambientales necesarias para su conservación, un lugar desocupado. Los archivos Spielberg decidieron extraer inmediatamente una selección de setenta horas, armada según una lógica que hasta el día de hoy se nos escapa. Esto ocurría en los años 1978-1979. Todo el material permaneció en tales condiciones, desordenado y sin catálogo, hasta que descubrimos su existencia por azar, en 1991, en ocasión de una investigación para un film sobre el filósofo israelí Yeshayau Leibowitz, consagrado a la desobediencia civil.[23] Los setenta casetes de video descansaban ahí, identificables por sus etiquetas: "Proceso Eichmann".

De estas setenta horas de imágenes fijadas sobre un soporte de calidad mediocre, y presentadas no como copias sino como originales, se vendían regularmente algunas secuencias. Siempre se trataba de las mismas, que se convirtieron en la ilustración habitual del proceso, extraídas de las pocas cintas cuyo contenido conocían los empleados de los archivos Spielberg. El resto fue declarado inaccesible o inexistente. Así, una de las más famosas imágenes del proceso sigue siendo la del desvanecimiento y evacuación de un testigo sobreviviente de Auschwitz, que, en su testimonio, sucumbió a la evocación del horror. Espectacular, conmovedora, una escena trágicamente muda se convirtió entonces en el símbolo de ese largo proceso.

A aquel que se proponía evitar ese fondo de imágenes convencionales y construir algo diferente de una viñeta del proceso se le desestimaba la demanda. Por cierto, no con el objeto de disimular algo en particular, sino sencillamente porque nadie sabía si tal sesión o tal momento particular estaba disponible. El discurso de apertura del propio fiscal, considerado un monumento por el gobierno de Israel, era inaccesible, ya que no figuraba en la selección de setenta horas. Más tarde lo encontramos en las cintas originales. En cambio, la mitad de los testimonios de los sobrevivientes están incompletos o son inexistentes, como pudimos advertir durante la vista del conjunto de las cintas originales. De hecho, parecen haber desaparecido irremediablemente entre un tercio y un cuarto de los archivos de video del proceso. La paradoja no es nimia, tratándose de una institución consagrada a la conservación. Las dificultades que debimos superar para acceder a las cintas de video originales en modo alguno se deben a una oscura voluntad de ocultar molestos secretos de familia. Sencillamente revelan hasta qué punto y con qué facilidad la ostentación de un "deber de memoria" puede hacer las veces de verdadero acto de memoria.

Persuadidos de que un fondo más amplio que esas setenta horas debía subsistir en alguna parte, logramos averiguar que tales originales efectivamente existían. Pero estaban encerrados con doble llave en un formato de video obsoleto (dos pulgadas NTSC, formato americano de los años sesenta), que requería máquinas especiales que sólo podían hallarse en Estados Unidos. Considerados ilegibles, se encontraban reducidos al estado de voluminosas reliquias que, según los funcionarios de los archivos, nosotros no teníamos ninguna razón ni posibilidad alguna de utilizar. Debíamos contentarnos con las setenta horas, mediocres y fragmentarias.

Hubo que batallar, no sólo para que se reconociera la existencia de dicho patrimonio, sino también para garantizar su salvaguarda en buenas condiciones, es decir, para imponer la utilización de un dispositivo técnico de transferencia de dichas imágenes sobre un soporte magnético utilizable, conservando la calidad original. Intervinieron algunos periódicos israelíes, indignados por la situación, y esto permitió comenzar a cortar el nudo gordiano. Por otra parte, la divulgación del asunto permitió que la directora de los archivos Spielberg se explicara y confirmara la hipótesis de una visión puramente comercial de tales archivos: como todos los "momentos sensacionales" [sic] del proceso estaban disponibles, lo esencial estaba a salvo, respondió en sustancia a las críticas que se le hacían.[24] A todas luces, el comercio de algunos jirones de memoria resultaba más fructífero que un largo y austero trabajo de archivo del conjunto del material audiovisual. Esta pobre justificación no convenció a los periodistas israelíes.

La contienda que debimos entablar para lograr la posibilidad de visualizar el conjunto de los archivos desdichadamente no se detuvo ahí, ya que nos llevó hasta la Corte Suprema israelí. En efecto, los archivos estatales, al servicio del primer ministro, eran los depositarios legales de ese patrimonio, cuyo mantenimiento y comercialización habían

ʼsido confiados a los archivos Spielberg. Ante la imposibili-
dad de zanjar el litigio con éstos, debimos volvernos contra
los archivos estatales y, por consiguiente, recurrir a la única
instancia habilitada para arbitrar un diferendo con el Estado. Esta acción ante la justicia, de la que gustosamente nos
hubiéramos abstenido, resultó necesaria para lograr que la
transferencia de las imágenes se realizara en condiciones técnicas que permitieran no sólo la lectura sino también la utilización cinematográfica. Como tal uso había sido explícitamente previsto durante la deliberación del tribunal que autorizó el rodaje del proceso Eichmann, nos era posible hacer
valer una obligación de calidad. En vísperas de la sentencia
de la Corte Suprema tuvimos la alegría de enterarnos de que
los archivos estatales finalmente nos proponían un arreglo
comercial por las buenas, haciendo inútil, entonces, el procedimiento judicial. El recurso jurídico también había permitido dirimir el diferendo que oponía a las dos instituciones de archivos en cuanto a la detentación y propiedad de
los derechos. La verdadera salvaguarda de las imágenes del
proceso Eichmann podía comenzar, por otra parte organizada y financiada por nosotros mismos.

Se necesitó un año y medio, a partir del primer contacto
con los servicios de los archivos, para lograr la posibilidad
efectiva de comenzar a trabajar sobre un material que sólo había sido creado con ese objeto. El efecto de memoria buscado
y obtenido por la circulación de algunas imágenes-símbolos se
había conjugado con el funcionamiento burocrático para de-
sembocar en la desaparición de hecho de esos documentos. La
repugnancia de todos y cada uno y de toda la institución en
reconocer sus errores y carencias había hecho el resto.

Ese largo abandono y esas pérdidas son tanto más lamenta-
bles, treinta y cinco años más tarde, en la medida en que el

proceso a Eichmann sigue siendo único en los anales judiciales referentes al crimen contra la humanidad. En efecto, ningún proceso posterior reunió los ingredientes de éste. Como
el de Eichmann, varios de ellos develaron el comportamiento
de ciudadanos respetuosos de la ley convertidos en implaca-
bles ejecutores. Sobre todo es el caso de esos policías reser-
vistas y de Richard Baer, ya mencionados, así como el de
Franz Stangl, el comandante de Treblinka, que aunque son
de la misma naturaleza no fueron filmados. Otros sí lo fueron (Klaus Barbie, Paul Touvier), pero los acusados no se expresaron, o lo hicieron poco. Maurice Papon es el único otro
burócrata criminal cuyo proceso fue íntegramente filmado.
A diferencia de Eichmann, empero, eludió en bloque los cargos que se le hicieron: no sólo se consideró inocente de toda
participación en un crimen sino que, además, se presentó como un resistente y una persona caritativa.

Si el rodaje del proceso Eichmann sólo dio lugar a archivos
virtuales, fue realmente porque el proceso mismo, de hecho, había cumplido su función. En su discurso de apertura, durante una jornada y media, el fiscal general Hausner
había descrito el cuadro de dos mil años de persecuciones antisemitas y el paroxismo que habían alcanzado entre 1940
y 1945, trazando una línea recta desde el Faraón hasta Hitler. Este discurso fue publicado y ampliamente difundido.
Desde entonces, sirve de manual de educación a la Shoah
en las escuelas israelíes.[25] Más de cien testigos, representantes del conjunto de los países de Europa donde los judíos
habían padecido la tormenta nazi, fueron a declarar durante los dos primeros meses. Sus relatos también fueron reunidos y publicados en Israel.[26]
    El suplicio de los judíos de Europa, la memoria de la ca-
tástrofe, habían sido repatriados a Israel. En adelante, eran
un recurso de legitimidad irrecusable, simbolizado por la

imagen, convertida en un verdadero ícono, del hombre en la jaula de vidrio. La puesta en escena del proceso, su amplia difusión radiotelevisada habían creado un contacto directo entre los sobrevivientes y los espectadores. Habían reflejado, en el sentido óptico del término,* el inexpiable horror padecido y el dolor de las víctimas. Los espectadores de las imágenes rodadas por Leo Hurwitz debían ser expuestos únicamente a esa herida sangrienta, y los fragmentos de film disponibles bastaban para eso.

*La palabra utilizada, *réfléchir*, significa reflejar, pero también reflexionar, pensar. *(N. del T.)*

Como la cuerda sostiene al ahorcado*

Los documentos escritos demostraban ampliamente la culpabilidad de aquel que metódicamente había organizado la deportación de millones de personas, mayoritaria pero no exclusivamente judías, hacia los campos nazis. Esas pruebas irrefutables bastaban para condenar a Eichmann, pero, por las razones que se han mencionado, la acusación había decidido conceder un amplio espacio a la voz de las víctimas. En Nüremberg, el gran precedente, el ministerio público había hecho reposar lo esencial de sus cargos en documentos escritos de la administración alemana. Esos mismos documentos fueron también el punto de partida de la acusación en Jerusalén, si bien en este caso los testigos fueron llamados a desempeñar un papel esencial. Y quienes testificaban ya no eran los perseguidores, como sucedió en Nüremberg, sino los perseguidos.

Esta primera y real aparición pública de las víctimas respondía, con seguridad, a una exigencia tanto ética como psicológica. Sin embargo, la lógica de la acusación la condujo muy pronto fuera de los caminos rígidamente señalizados por la justicia. Lo que el propio Eichmann había hecho, aquello por lo que debía responder en cuanto individuo, no era sino de interés secundario para el Estado de

*Título tomado de "La corde et le pendu". Prefacio de Pierre Vidal-Naquet al libro de Bernard Frède, *Une mauvaise histoire juive,* Ramsay, 1991.

53

Israel, representado por el fiscal, quien concebía este proceso como el proceso del sionismo al nazismo. Pues no eran los crímenes de Eichmann los que se hallaban en el corazón de la requisitoria del fiscal sino, según sus palabras, "los sufrimientos y la admirable resistencia de los judíos". Arendt no dejó de subrayar, con mucho sarcasmo, el énfasis de Hausner, llevado en ocasiones hasta la desmesura, como en este fragmento escogido:

> Los millones que fueron exterminados son los que esperaban el Estado judío y no pudieron verlo. Los movimientos de juventud judíos surgieron entre las dos guerras, en la diáspora devastada. Impregnados de los ideales nacionales y socialistas, sus miembros eran hornos candentes de éxtasis y de fe. Eran puros de corazón y de cuerpo. Sion era el aire que respiraban.

Los testigos habían sido elegidos por la fiscalía con ayuda del Memorial Yad Vashem. La historia de muchos de ellos carecía de relación directa con Eichmann, cuya jurisdicción no cubría el conjunto de los territorios bajo control del Reich, ni los campos, con excepción del gueto de Theresienstadt. Estaban presentes para ilustrar, país por país, lo que la acusación consideraba como el pogromo más sangriento de la historia del pueblo judío. Pero como Eichmann, desde 1937 hasta el fin de la guerra, fue el "especialista de la cuestión judía" se le debía imputar todo cuanto ocurrió a los judíos durante dicho período. El argumento no carece de lógica, pero es históricamente falso, en la medida en que ignora un aspecto esencial del proceso de aniquilación instaurado por el III Reich: el programa de destrucción no se apoyaba en una administración distinta de las otras. No disponía, por ejemplo, de un presupuesto específicamente asignado. Por el contrario, estaba descentralizado, distribuido en el conjunto del aparato burocrático nazi, a tal punto que, de hecho, se convertía en asunto de todos. Fue en el marco de esta división administrativa del trabajo que ese programa se redujo a "problemas técnicos", asumidos y resueltos en cada etapa por funcionarios de esos diferentes departamentos. El papel de los ferrocarriles, sobre lo que Eichmann era un especialista, es particularmente esclarecedor al respecto, como lo explica Hilberg en el film *Shoah,* de Claude Lanzmann.

Si se deja de lado la declaración del policía que dirigió el interrogatorio de Eichmann durante los meses que precedieron al proceso, resulta significativo que el primer testigo citado por la fiscalía no haya sido una víctima directa de Eichmann o un historiador como Raul Hilberg, que acababa de publicar *La destrucción de los judíos de Europa.* La lógica de "aparatos y procesos", sistemáticamente analizada por Hilberg, no podía satisfacer las expectativas de la acusación. El testigo inaugural, pues, fue el profesor Salo Baron, autor de una monumental *Historia religiosa y social del pueblo judío,* que desde 1930 enseñaba esta materia en Estados Unidos. La fiscalía esperaba explícitamente de él que mostrara la vitalidad y la creatividad del pueblo judío de Europa a lo largo de los siglos, lo que realizó en una exposición de varias horas. Todo era como si la historia de los judíos, reescrita en una versión heroica desde los orígenes hasta el III Reich, fuera en sí misma una circunstancia agravante para los crímenes nazis. Como si, en otros términos, los judíos tuvieran necesidad de un abogado para demostrar y justificar su derecho a la vida. El rigor jurídico no salió ganando, como ocurre en todo juicio donde la cuestión de la culpabilidad del acusado pasa a un plano secundario tras el símbolo que está llamado a representar en la sala de audiencias, y ésta fue una de las primeras críticas de Arendt contra el proceso de Jerusalén. No es menos cierto por ello que ese momento fue el primero en el que realmente pudieron hacer oír su voz los sobrevivientes y revelar al mundo, incluso a

Israel, la enormidad de los sufrimientos padecidos. Esta toma de conciencia, primer reconocimiento verdadero del universo de los campos de concentración, fue un impacto. La sociedad israelí estrechó sus lazos y reforzó su función emblemática ante los judíos del mundo. Los procesos a los capos judíos y a otros colaboradores, que venían desarrollándose desde comienzos de los años cincuenta, fueron enterrados poco a poco. El suplicio infligido sin una verdadera reacción de los aliados provocó un sentimiento de culpabilidad en el mundo occidental; este crédito moral se convirtió en un precioso recurso diplomático para Israel.

Sin embargo, el éxito logrado por el gobierno israelí se vio algo enturbiado por el informe realizado por Hannah Arendt acerca del proceso. Sus artículos publicados en la revista *The New Yorker* y retomados en el libro *Eichmann en Jerusalén...* desencadenaron una violenta polémica cuyos ecos continúan escuchándose hasta nuestros días. Los detractores de Arendt, entre los cuales se encuentra el fiscal Hausner y su consejero histórico Jacob Robinson, así como muchos intelectuales judíos de Francia y de Estados Unidos, le adjudicaron todo tipo de oscuros designios y segundas intenciones perversas: la acusaban de querer exonerar a Eichmann de sus crímenes y de agobiar a los judíos como primeros responsables de su matanza. La Anti Diffamation League fue la punta de lanza de la campaña de denigración. La institución dirigió una carta a todos los rabinos de los Estados Unidos para ponerlos en guardia contra Arendt, quien, según ellos, quería demostrar que los judíos no eran menos culpables que los alemanes del genocidio.

El tono estridente, la actitud clínica adoptados por Arendt para dar cuenta del proceso se hallan en el origen de esta ofensiva comunitaria que no retrocedió ante la calumnia. Los que no la acusaban de simpatía por Eichmann –exageración abyecta que ni vale la pena examinar– le reprochaban las palabras muy duras que había tenido para con las organizaciones judías que habían cooperado con los nazis. Al acusar a los consejos judíos, Arendt instauraba una confusión, según ellos, entre los criminales y sus víctimas. De hecho, para Hannah Arendt la colaboración de los judíos en su destrucción es "sin duda el capítulo más sombrío de esta sombría historia". Y si insistió con eso, dice, es porque "el daño hecho por mi pueblo a todas luces me afecta más que el daño hecho por otros pueblos".[27]

No sería posible decirlo de mejor manera, y sin duda es por este motivo por el que ninguna obra de esta filósofa fue traducida al hebreo hasta el día de hoy.

Henry Rousso ha mostrado cómo, desde el fin de la guerra hasta nuestros días, la representación de Francia en la guerra pasó del duelo inconcluso de las secuelas de la guerra civil (1944-1954) a la construcción de un objeto de memoria, la "Resistencia", donde se operaba la fusión de la nación en un combate general contra el ocupante (1954-1971). Es lo que, por ejemplo, expresa esta reflexión del general De Gaulle en 1969, a propósito del film *Le Chagrin et la Pitié:* "Nuestro país no necesita una verdad. Lo que deben darle es esperanza, cohesión, y un objetivo".[28]

Luego advino una fase de represión (1971-1974), la del "espejo quebrado" de ese heroísmo unánime, anunciado por el film de Marcel Ophuls, que fue reemplazada, desde mediados de los años setenta y sobre todo con el despertar de la memoria judía, por la de la obsesión de la memoria.[29]

El barullo alrededor del proceso Papon da fe del vigor intacto de ese "síndrome de Vichy".

En el discurso oficial israelí encontramos los mismos períodos de duelo y luego de celebración de los héroes como figuras emblemáticas de la nación: un discurso en adelante contrarrestado por el trabajo de aquellos a quienes se denomina los "nuevos historiadores", conocidos en los años ochenta en relación con la guerra del Líbano y con la Intifada. Aunque seriamente disminuida, una piadosa iconografía sigue constituyendo en nuestros días la referencia histórica mayor. En el caso israelí, la puesta en escena épica de la Historia reside en poner de manifiesto la resistencia en los guetos, transformada en resistencia de los guetos y en preludio glorioso a la lucha de liberación nacional.[30]

La "ley sobre la Shoah y el heroísmo", la elección de la fecha de la insurrección del gueto de Varsovia como día de conmemoración de la Shoah son signos, entre muchos otros, de la constitución de ese tándem indisociable: héroes-víctimas. La doble imagen del mártir –sacrificio y redención– fue impuesta poco a poco en un proceso de sacralización del genocidio de los judíos. El éxito del término bíblico Holocausto –sacrificio del hijo ofrecido a Dios– muestra la fuerza de esta transformación religiosa. Así, las víctimas judías fueron instaladas en un *status* ambiguo de inocencia absoluta, imagen en espejo del veredicto de culpabilidad absoluta pronunciado por los nazis en su contra.

En efecto, esas dos proyecciones ideológicas, inocencia y culpabilidad absolutas, comparten la cualidad de ser deducidas de la lógica de los asesinos. "Ese estado de inocencia no constituye la esencia de ningún ser humano en general. Nada puede hacerse, ni política ni humanamente, con una falta que se ubica más allá del crimen y una inocencia que lo hace más allá de la bondad o la virtud",[31] escribe Arendt ya en 1946 en su correspondencia con Karl Jaspers.

Frente a una cámara de gas donde van a perecer por ser judíos, un criminal inveterado y un niño de dos años comparten la misma inocencia. Pero sólo frente a ese castigo que nada tiene que ver con alguna falta humana, y no respecto del mundo.

Esta absolutización de la víctima, transmitida de generación en generación con un éxito creciente, es la condi-

ción y la consecuencia de la despolitización de un acontecimiento en adelante contemplado en su "radical singularidad", ya que su *status* de insuperable misterio sólo requie-
re el silencio y la meditación.

> ¿Cómo hacer para narrar –escribe Élie Wiesel– cuando, por
> su dimensión y su peso de horror, el acontecimiento desafía el
> lenguaje? ¿Dificultad de expresión? Más bien de percepción.
> Auschwitz y Treblinka parecen pertenecer a otro tiempo; aca-
> so estén del otro lado del tiempo. Sólo se explican en relación
> con sí mismos.[32]

Los sufrimientos y humillaciones de la vida de los campos
de concentración, la desolación absoluta constituyen una
experiencia incomunicable, cuyo significado sólo conocen
aquellos que la vivieron. Pero ¿no vale esa comprobación
de los límites del lenguaje para todo sufrimiento, *a fortiori*
padecido sin una causa inteligible?

Se observará de paso la paradoja de ese "indecible" del
que no se deja de hablar para decir mejor que nada de él se
puede decir, o de ese "inconcebible" que, sin embargo, fue
concebido. También habrá de destacarse que esa transferencia de un acontecimiento histórico sobre el registro metafísico, esos préstamos del repertorio de lo religioso, remi-
ten por su propia índole a un acto de fe más que a una comprobación de hecho. Ubican la empresa nazi en el plano de
la creencia, que por naturaleza suscita la duda sobre un objeto que desafía la imaginación, y descalifica de antemano
el examen crítico, que por principio supone la pluralidad
de lecturas de tal desastre. Cuando los negacionistas adop-
tan la postura del librepensador y ponen cara de reivindi-
car el derecho a leer la historia en otra parte fuera de un
catequismo, no se equivocan. La liturgia "shoísta" nutre su
visión paranoica de una conspiración judía mundial que
manipula los espíritus a través de los medios y las poten-

cias financieras para acreditar esa "inconcebible" patraña de las cámaras de gas.

Sin embargo, se insistirá sobre todo en el hecho de que esa transferencia en el registro de lo sagrado arranca al acontecimiento de su gravedad política. La cita de Primo Levi respecto de un SS que respondía a la pregunta de un deportado: *Hier ist kein warum* ("Aquí no hay porqués") restalla en lo sucesivo como un eslogan. De estas palabras pronunciadas por un guardián, y que resumen la regla de las relaciones entre amos y esclavos en los campos, se fabrica y recicla indefinidamente un argumento que Primo Levi recusó en toda su obra: el de la "obscenidad de comprender". Por cierto, es menester evitar la disolución del genocidio en un seudo encadenamiento ineluctable de causas y consecuencias, como si pudiera ser deducido lógicamente de un conjunto dado de razones y de presupuestos. Por lo demás, tal precaución intelectual vale igualmente para cualquier otro acontecimiento; si no, la política no sería más que una suerte de mecánica social, que tornaría superfluo todo juicio. Pero, a la inversa, el *status* de catástrofe metafísica cierra herméticamente a todo pensamiento un mundo que ya sólo remite a sí mismo. Por el contrario, es importante proseguir la reflexión sobre la "validez ejemplar" de este acontecimiento, "en el sentido en que Kant y, luego, Hannah Arendt entendieron esa expresión: una experiencia está dotada de una validez ejemplar en la medida en que, en y por sí misma, en su singularidad, revela la generalidad que, sin duda, no se podría determinar de otro modo".[33]

Algunos se ofuscan, otros pronuncian verdaderas excomuniones contra cualquiera que se atreva a comparar ese "incomparable", arguyendo que toda tentativa de comprensión significaría una forma de justificación. Al hacer pesar la sospecha de "banalización de Hitler" frente a cualquier situación análoga, debido a que los centros de ejecución carecen de precedentes en la Historia, impiden pensar, llevan a separarse del mundo. Reemplazan la exigencia política de instaurar un mundo común, un horizonte de sentido que los hombres puedan compartir, por una división infrapolítica del mundo en dos categorías irreductiblemente antagónicas: "El mundo de los héroes –escribe Tzvetan Todorov–, y tal vez en esto radica su debilidad, es un mundo unidimensional, que sólo implica dos términos opuestos: nosotros y ellos, amigo y enemigo, coraje y cobardía, héroe y traidor, negro y blanco".[34] Es posible añadir que ese mundo lineal de la representación heroica es también el de la representación victimaria, que fue impuesto en el proceso de Jerusalén. ¿Cómo explicar de otro modo esa extraña noción de "crímenes contra el pueblo judío", título de las cuatro primeras bases de inculpación? Al instituir una categoría jurídica distinta de la acusación de crímenes contra la humanidad, ¿quería la Corte, como los nazis, situar a los judíos fuera de la humanidad? ¿Puede imaginarse un tribunal penal internacional juzgando crímenes contra la humanidad y crímenes contra el pueblo tutsi o bosnio?

Fue sin duda porque se ubicaba en ese mundo unidimensional de víctimas y de héroes por lo que el fiscal general Hausner formuló con insistencia la siguiente pregunta a los sobrevivientes de los campos: "¿Por qué no se rebeló?" Esta interpelación en forma de reproche, que a menudo fue atribuida equivocadamente a Hannah Arendt, tenía su fuente en el desdén y la desconfianza corrientemente experimentados en Israel por aquellos que se habían dejado conducir "como corderos al matadero". Tomada de la Biblia, esa fórmula había sido empleada sobre todo por algunos cronistas y escritores de los guetos como expresión de despecho o exhortación a la resistencia. Y fue vuelta contra los deportados como una acusación, frente a la cual algunos intentaron responder explicando el terror, los golpes, las ejecuciones en masa en caso de huida o insumisión.

No obstante, esta pregunta desapareció del repertorio sionista luego del proceso Eichmann y constituyó un motivo de escándalo cuando fue utilizada luego.

Pero desapareció por malas razones. La incomprensión y la vergüenza expresadas frente a la actitud de los "judíos de gueto" encorvados ante la bota nazi fueron reabsorbidas en la santa imaginería de una alianza renovada –por el rayo– entre Dios y el pueblo elegido. Lo incomunicable de la humillación y el sufrimiento se convirtió en lo incomunicable de la Shoah, un "fenómeno ontológico [situado] más allá del entendimiento",[35] tal como lo escribe Élie Wiesel.

Pero si realmente se pretende salir de esa visión judeocéntrica y tener en cuenta el destino de otras poblaciones que fueron conducidas a los mataderos nazis, uno se percata de que también éstas fueron exterminadas sin oponer una verdadera resistencia. Más de tres millones de prisioneros rusos, soldados aguerridos y en la fuerza de la edad, murieron en los campos. Las primeras cámaras de gas de Auschwitz fueron experimentadas precisamente con ellos. Exterminio, tortura cotidiana, trabajos forzados, todo lo soportaron sin rebelarse, por lo menos en masa. No fueron capaces, más que otros, de perturbar la victoria provisional de los nazis en los campos. Únicamente los "políticos", organizados en una red de solidaridad, se hallaron en condiciones de desarrollar una resistencia pasiva, construida en cuanto a lo esencial de ayuda mutua selectiva. Pero los laboratorios del terror funcionaron sin verse amenazados por las escasas insurrecciones suicidas que acaecieron, y el comportamiento de los judíos no difirió del de los otros detenidos. Salvo en el caso de que uno se encierre en una visión particularista de un "destino judío", no se percibe por qué habría debido ser diferente. En este sentido, lo vergonzoso es precisamente la vergüenza arrojada sobre esa "no rebelión".

Si algunos fueron intimados a explicar por qué no se habían rebelado, nadie preguntó a los ex miembros de los consejos judíos sobrevivientes la razón de haber cooperado con los servicios de Eichmann, ni los motivos por los cuales habían ocultado el destino que esperaba a sus compañeros de infortunio, antes de ser, con mucha frecuencia, deportados ellos mismos. Esta pregunta no podía formularse, so pena de menoscabar la buscada pureza de la memoria.

Antes de encarar la cuestión de los consejos judíos, es necesario recordar un hecho que jamás aparece en los términos de esta controversia, ni siquiera bajo la pluma de Arendt: se trata de la magnitud de la presencia de los consejos judíos en el conjunto de las declaraciones en el proceso. Treinta y siete testimonios, o sea, un tercio del total, se refieren directa o indirectamente a los consejos judíos, ya sea que los mismos testigos hayan sido miembros de esos consejos o que mencionen en su declaración la acción de los mismos o de la policía de los guetos que de ellos dependía. Hemos observado que decenas de procesos habían cuestionado a esos ex colaboradores contra los cuales se había votado la ley que en 1961 permitió juzgar a Eichmann. Se encontrará un signo de su importancia concreta y del lugar que ocupaban en el espíritu de los sobrevivientes si se observa que de 25.000 testimonios registrados en el Memorial Yad Vashem 2.500 se refieren a los consejos judíos. Constituyen una parte de esta historia terrible, pero una parte sepultada, una parte de sombra que condenó al oprobio a aquellos que, como Hilberg y Arendt, intentaron esclarecerla. Al final de la guerra, esos organismos fueron denunciados por resistentes y deportados. Pero la historia de la colaboración en sus diferentes formas, y ésta más aún que las otras, fue rápidamente reprimida en provecho de representaciones más halagüeñas, tal como lo hemos evocado. Si Arendt quiso insistir en ese capítulo de la historia fue "porque muestra hasta qué punto los nazis provocaron el derrumbe moral de la sociedad europea respetable".[36]

Ella lo había descubierto al leer a Hilberg, antes del proceso Eichmann, pero éste le dio la ocasión de verificar su importancia. Durante el contrainterrogatorio del acusado, el juez Halevi manifestó el hecho de que los nazis consideraban la cooperación de los judíos como un elemento central de su "política judía". Una gran cantidad de judíos habrían podido salvarse, afirma Arendt, si no hubieran seguido las instrucciones de los consejos judíos. Evidentemente, la política del mal menor en la que éstos se habían encerrado no desapareció con los nazis. Por eso las modalidades y los discursos de justificación de esta colaboración, tan audibles y poco escuchados durante el proceso Eichmann, en nuestra opinión, justifican un desarrollo detallado.

En el momento de la reunión y recopilación de los testimonios, durante la fase preparatoria del legajo de acusación, el riesgo que suponía la presencia de los consejos judíos había sido tenido en cuenta por la fiscalía. Varios de los magistrados implicados en el proceso Eichmann habrían tenido conocimiento acerca de esos casos de colaboración, sobre todo respecto del caso Kastner, el más resonante de ellos, juzgado tres años antes. Ese alto funcionario israelí había participado, en 1944, como director del Comité de salvataje de los judíos de Hungría, en la negociación con miras al intercambio de un millón de judíos por diez mil camiones. Debido al fracaso de la transacción, Kastner había utilizado los fondos del Movimiento sionista para organizar, con Kurt Becher, un emisario de Himmler, la salida de 1685 judíos en un tren especial para Suiza. Ese grupo, que efectivamente fue salvado, estaba constituido sobre todo por personas de la familia de Kastner y de su ciudad natal, así como por responsables sionistas. Luego de la guerra, Kastner había declarado en favor de Kurt Becher, a quien presentó como un hombre digno "de la mayor consideración", un resistente al plan de exterminio. Así, Becher evitó comparecer en Nüremberg. Acusado por sobrevivientes de haber colaborado con los nazis para salvar a "VIP" personales y políticos, Kastner se encontró en el centro de un proceso que generó un sinfín de pasiones, y poco después fue asesinado en Tel Aviv.

Gabriel Bach, adjunto del fiscal general en el proceso Eichmann, había tomado parte en tal proceso, lo mismo que el juez Benjamin Halevi. En una entrevista concedida en 1997 a una periodista de la revista alemana *Die Zeit*,[37] Bach recuerda que ex miembros de los consejos judíos se presentaron espontáneamente antes del proceso, como en el caso Kastner, para declarar en favor de Eichmann. Bach y Hausner convencieron al abogado de Eichmann, el doctor Servatius, de que la defensa no ganaría nada en exponer gente que había sido cínicamente engañada por su cliente. El abogado adhirió a esa opinión y se contentó con indicar de paso, durante la presentación de su defensa en el proceso, que se había abstenido de citar o de utilizar a los consejos judíos por respeto a las víctimas. De la misma manera el fiscal, en su discurso de apertura, encaró rápidamente la cuestión para evitar que este proceso en ningún caso fuera el de los consejos o el de la policía de judíos, ellos mismos víctimas, sino el del verdugo. Efectivamente, su trabajo no consistía en desplazar el terreno de la acusación hacia tales zonas grises. La posición de un fiscal en una Corte de justicia tiene sus coerciones y su lógica propias, centradas en los crímenes del acusado, y no en las eventuales faltas o crímenes de sus testigos. Pero también los testimonios tenían su dinámica propia, la cual condujo a los testigos hacia esa "zona gris" de la que habla Primo Levi, ese espacio "de contornos mal definidos, que separa y une a la vez los dos campos de los amos y los esclavos. [...] Es en el interior de esta área −prosigue− donde es preciso ubicar, con matices de calidad e importancia, a Quisling en Noruega, el gobierno de Vichy en Francia, el *Judenrat* (consejo judío) en Varsovia, la república de Salo en Italia".[38]

Y precisamente de esta zona gris, constante en la historia de los pueblos en situaciones de violencia y opresión, no querían oír hablar en Israel, así como otras naciones se oponían a enfrentarse con sus propios quiebres morales.

En el libro editado para su inauguración, el museo del Holocausto de Washington se pregunta "cómo y de qué manera presentar el papel histórico de los consejos judíos y la policía judía en los guetos". Los autores indican que, durante mucho tiempo, la tendencia principal fue presentar a los consejos judíos y a la policía como "sucios colaboradores de los nazis, que ayudaron activamente a la aniquilación de los judíos". Esta posición es imputada en primer lugar a Hannah Arendt y a Raul Hilberg. Pero "desde hace algunos años –prosigue paradójicamente el autor del documento– lo esencial de la investigación sobre el Holocausto ha adoptado una aproximación más discriminante, percatándose de que había un amplio espectro de tipos de conductas, desde la franca colaboración con los alemanes, lo cual ocurría en la mayoría de los guetos, hasta la colaboración clandestina con la Resistencia judía, que ocurría en algunos de ellos". Para los redactores de este libro, aparentemente, los progresos de la historia trataron como se lo merece a la acusación de "sucios colaboradores" descubriendo una "franca colaboración". Que conste. Sin embargo, en tales condiciones cuesta trabajo comprender la índole de los reproches dirigidos a aquellos que, como Hilberg y Arendt, analizaron fríamente el papel de los consejos judíos.

En el verano de 1933, poco después de la llegada de Hitler al poder, los dirigentes comunitarios judíos crean la Representación nacional de los judíos de Alemania, incluyendo, junto a religiosos y a personalidades económicas y culturales, a hombres que tenían una experiencia política. En 1934, bajo la exigencia del régimen, este organismo se convirtió en la Representación nacional de los judíos *en* Alemania, la *Reichsvertretung* fue su nombre alemán. Hasta entonces, el papel de las organizaciones comunitarias se limitaba esencialmente a la gestión de los lugares de culto, las escuelas confesionales, los cementerios y los organismos de beneficencia. Fue a partir de esa señal cuando la *Reichsvertretung* se consagró principalmente a la emigración de los judíos, lo cual explica que los dirigentes sionistas hayan estado fuertemente implicados en ello. En efecto, la emigración a Palestina estaba organizada en el marco de un acuerdo denominado *Haavara* ("transferencia", en hebreo), aprobado en el verano de 1933.

Esta negociación entre el Movimiento sionista y los ministerios de Relaciones Exteriores y de Finanzas preveía para los judíos que emigraban a Palestina el derecho de llevarse dinero y bienes personales en proporciones respetables. Expresaba, sostiene Tom Seguev, "los intereses complementarios del gobierno alemán y del Movimiento sionista: los nazis querían a los judíos fuera de Alemania; los sionistas deseaban que [los judíos] se fueran a Palestina". Un sistema complejo de compañías de seguros instaladas en Alemania y en Palestina permitía la ejecución de los intercambios previstos, que se prolongaron hasta mediados de la guerra posibilitando el pasaje de cincuenta mil personas. "Los nazis –prosigue Seguev– [...] quebraban el boicot emprendido contra ellos por ciertas organizaciones judías, en su mayoría americanas. El Movimiento sionista ganaba nuevos inmigrantes que jamás habrían ido a Palestina si no hubiesen sido autorizados a transferir sus capitales."[39]

El imperativo estratégico de la inmigración a Palestina encubría el del salvataje, según consideraba la Agencia judía, ese embrión de gobierno judío de la Palestina.

Durante mucho tiempo, ese abandono constituyó un pesado pasivo entre los judíos de Alemania y el Yishuv, el centro judío de Palestina. El 7 de diciembre de 1938, cuatro semanas después del pogromo de la Noche de cristal en Alemania, donde mataron a decenas de judíos, fueron saqueadas centenares de sinagogas, a lo cual prosiguió la deportación de treinta mil judíos, Ben Gurion afirma sin vueltas:

> La exigencia de traer al país a niños de Alemania no proviene solamente de un sentimiento de piedad por dichos niños. Si yo supiera que es posible salvar a todos los niños [judíos] de Alemania a través de una transferencia hacia Inglaterra, y solamente una mitad por su transferencia hacia la tierra de Israel, elegiría la segunda posibilidad. Pues ante nosotros no se encuentra solamente la cuenta de esos niños sino el balance histórico del pueblo judío.[40]

La *Reichsvertretung,* que se ocupaba de poner en práctica esos acuerdos, disponía de una real autonomía hasta que fue disuelta en 1938 para ser reemplazada por la Unión nacional de los judíos en Alemania, la *Reichsvereinigung.* Este organismo conservó el mismo presidente, Leo Baeck, ex gran rabino de Berlín y gran erudito, pero tras esa aparente continuidad se ocultaba un cambio de envergadura: de aquí en más, los responsables serían nombrados por los nazis, la afiliación de los judíos sería obligatoria, el control de la Gestapo se tornaba total. Como otras organizaciones con vocación social –la Cruz Roja alemana, por ejemplo, sobre la cual volveremos–, también se convirtió en un instrumento pasivo del régimen nazi.

Este modelo alemán fue extendido a Viena y a Praga a partir de la anexión de Austria y de Checoslovaquia el mismo año. Fue en ese momento, en el que la política nazi aún se inclinaba por la emigración, cuando Eichmann, que también era "partidario" hasta entonces, de las Iglesias y de los francomasones, fue encargado específicamente de los asuntos judíos. Como tal, estableció contactos regulares con representantes judíos y delegados sionistas. Teddy Kollek, el futuro adjunto de Ben Gurion, que preparó el proceso de Jerusalén, era uno de ellos. Había conocido a Eichmann en la primavera de 1939 para organizar la partida a Palestina, vía Inglaterra, de jóvenes pioneros que se hallaban realizando un curso de capacitación en un campamento agrícola. Varios de los interlocutores de Eichmann de esos años –años "felices" para él– declararon en el mismo sentido en el curso del primer mes del proceso.

Heydrich, el jefe de la policía alemana, retomó la forma de la *Reichsvertretung* bajo el nombre de *Judenrate* (consejo judío). Creó tales organismos por decreto en septiembre de 1939, días después de la entrada en guerra del Reich por la invasión de Polonia y en el momento en que la policía ordenaba a los judíos que se reagruparan en lo que serían los guetos. Los nazis asignaban a los consejos la función de transmitir las órdenes y reglamentos a los judíos y de comunicar las demandas de éstos a los alemanes. Se trataba de poner en funcionamiento una reglamentación estricta, una autoridad reconocida, una administración y medios punitivos, para sustituir las exigencias de los alemanes y organizar las apariencias de un orden social en los guetos, las ciudades y los países involucrados. En Europa occidental y central, la regla era instituir un consejo judío por país, mientras que en Europa del Este se creaba un consejo judío por gueto. En Francia fue la UGIF (Unión general de los israelitas de Francia), creada por Pétain y no por los alemanes, la que se encargó de desempeñar ese papel.

El presidente era nombrado por la Gestapo (salvo en Francia, donde la UGIF estaba vinculada con Vichy, lo cual a todas luces no impidió el control de los nazis). A su vez, él mismo escogía a los otros miembros entre las personalidades religiosas y comunitarias. Sólo rara vez se encontraban ortodoxos, y jamás comunistas, quienes habrían indispuesto a los alemanes. Su papel social y humanitario creció rápidamente con el incremento de la escasez y de las restricciones. Así, fueron instaladas imponentes administraciones, algunas de las cuales contaban con varios miles de miembros. Éstas "debían dar respuesta a las exigencias innumerables y conminatorias de las 'autoridades', ya se tratara de suministrar informaciones estadísticas, entregar bienes pertenecientes a los judíos, reclutar mano de obra para el trabajo forzado o detener a la gente para las deportaciones".[41]

El consejo judío de Varsovia contó con hasta seis mil empleados, cuando sólo trescientos bastaban para hacer funcionar las instituciones comunitarias antes de la guerra. Inmediatamente, la Gestapo le encargó que preparara la instalación del gueto, que por sí solo reagrupaba a más judíos que en toda Francia.

Los alemanes no consideraron provechoso imponer consejos judíos en las regiones del Este, donde las matanzas comenzaron con la invasión, como en los territorios soviéticos ocupados, o en Serbia. Dinamarca e Italia no los conocieron, en virtud de su resistencia a las presiones alemanas referentes a las persecuciones contra los judíos. Pero la situación podía variar en el interior de un mismo país, como ocurrió en Grecia, que, por cierto, estaba dividida en dos: en Atenas, zona sur ocupada por los italianos, los dirigentes judíos entraron en la clandestinidad con el apoyo de los griegos. En Salónica, en cambio, la zona norte ocupada por los alemanes, se creó un consejo judío que puso en marcha con una diligencia "sorprendente" –según los términos de un informe alemán citado en el proceso– las dos primeras instrucciones que recibió en 1943:[42] la fabricación de las estrellas amarillas y la instalación en guetos.

Léa Zimet, una joven de origen checo, dio al proceso una apreciación concreta de la organización del consejo judío de Praga.[43]

Antes de la guerra, ella era secretaria mecanógrafa en una organización judía que trabajaba para la emigración: el HIAS. Léa explicó a los jueces que, en julio de 1939, su oficina había sido transferida a los locales de la Agencia central para la emigración de los judíos, dirigida por un subordinado de Eichmann. Locales más amplios y empleados judíos reclutados bajo la tutela de la Gestapo eran necesarios para acelerar la emigración. Los futuros emigrantes constituían sus legajos –sobre todo los documentos fiscales, bancarios, notariales, para permitir el embargo de los bienes– con la ayuda de los empleados judíos, que también velaban por la recolección, transporte y almacenamiento de los bienes. Los candidatos a partir a Palestina debían dirigirse a la "Oficina Palestina" (delegación local del Movimiento sionista), y los otros, a la oficina de la comunidad. Además de la constitución y verificación de los legajos, el trabajo de los empleados judíos consistía en garantizar que los emigrantes lograran entrar en los locales de la Agencia: "Si un SS estaba de mal humor golpeaba a la gente o les gritaba", expresó Léa Zimet. Entonces había que poner paños fríos, tranquilizar a esa gente y guiarlos al circuito administrativo. Empleados judíos, funcionarios checos y SS atendían sus asuntos en oficinas contiguas. El trabajo de Léa Zimet concluyó cuando fue deportada a Theresienstadt en 1943, y luego a Auschwitz.

Alexander Arnon, por su parte, era un dirigente, y no un empleado de base. Responsable de la comunidad judía de Zagreb en Croacia, también era director de la organización de emigración y delegado del *Joint Distribution Committee* –organismo humanitario judío americano– para la asistencia a los refugiados en Yugoslavia. Desde el 11 de abril de 1941 –explica–, al día siguiente de la invasión alemana a Croacia y de la proclamación del Estado fascista croata, la Gestapo incautó todos los archivos y el dinero depositados en los locales de la comunidad. Menos de un mes más tarde se adoptaban las leyes de "protección de la raza aria y el honor croata". Entonces, Arnon fue encargado de la fabricación de diez mil estrellas amarillas, en el momento en que comenzaban las deportaciones hacia los campos croatas. A partir de junio se pegaron carteles en las calles de Zagreb que anunciaban la puesta en marcha de campos de concentración. En el campo de Jadovno –agrega Arnon– "centenares de miles de serbios fueron eliminados y arrojados en fosas" por los *ustachas*, o en otras palabras los nazis croatas, lo cual visiblemente no lo alarmó.

Confiado en su mandato de delegado del *Joint*, Arnon visita en varias oportunidades tres de esos campos, con el objeto de evaluar las necesidades de los detenidos, es decir, "ver si existían instalaciones sanitarias, velar por la llegada de alimentos y ropas". Los campos, dice, estaban superpoblados, diezmados por las epidemias y la hambruna. Cada una de esas misiones caritativas estaba sometida a la autorización de la Gestapo y conducida bajo la mirada de un funcionario del Ministerio del Interior croata. Como todos los días debía ir a la Gestapo y realizar su informe a la policía croata, él "sabía más o menos el momento en que comenzaban las deportaciones, y que éstas eran decididas por los alemanes". En el tribunal, nadie le preguntó qué uso hacía de tales informaciones, ni quién aprovechaba las visitas efectuadas a los campos. Fue también por órdenes de la Gestapo que Arnon se dirigió en tres oportunidades a Budapest, entre junio de 1941 y abril de 1942, para encontrarse allí con un responsable del *Joint* y recibir fondos suplementarios. La situación –expresa– se había tornado catastrófica, y los nazis querían aumentar la asistencia a los campos. Así, pudo enviar vagones enteros de alimentos, la mayor parte de los cuales fue confiscada por los *ustachas*.

En julio de 1941, el consejo judío de Zagreb llevó al gobierno croata una solicitud de emigración a Palestina para "cincuenta niños ocultos por la comunidad, cuyos padres habían sido deportados o estaban a punto de serlo" (el testigo no aclaró el sentido de "a punto de serlo"). La respuesta llegó dos días más tarde: era positiva, con la condición de que se entregaran a la policía las direcciones de los niños involucrados. Treinta y nueve de ellos fueron deportados y ejecutados por los nazis, once partieron hacia Palestina.

No todos aceptaron entrar en el engranaje infernal de la cooperación con los nazis, que dio lugar a violentos disensos. En noviembre de 1939, en Varsovia, el Bund (Unión general de los trabajadores judíos, una organización obrera socialista fuertemente implantada en Europa del Este) había sido contactado por el intendente para designar un representante en el seno del consejo judío. El sindicalista Artur Zygielbojm, designado, se negó a continuar cuando comprendió el papel del consejo, justificando su decisión en estos términos:

> La decisión que se acaba de adoptar reviste un carácter histórico. Veo que no logré probarles que no tenemos el derecho de someternos. [...] Siento que no tendría derecho a vivir si el gueto fuera realizado por nosotros. Por eso depongo mi mandato. Sé que el deber del presidente es informar de inmediato a la Gestapo de mi dimisión. Mido las consecuencias que mi gesto pueda tener para mí personalmente, pero no puedo actuar de otro modo.[44]

Al día siguiente, Artur Zygielbojm exhortaba a una multitud de diez mil personas a negarse a ir al futuro gueto y a esperar una expulsión por la fuerza. Logró escapar a la Gestapo y, luego de establecer contactos con la resistencia polaca, abandonó el país para unirse al gobierno polaco en el exilio. Dedicó toda su energía a procurar, aunque sin éxito, alertar al mundo sobre el destino del judaísmo polaco. Se suicidó el 12 de mayo de 1943, agobiado por la indiferencia del mundo ante el aplastamiento de la insurrección del gueto de Varsovia. Dejó una carta que finaliza con estas palabras: "No puedo guardar silencio. No puedo seguir viviendo mientras lo que queda de la población está pereciendo. Con mi muerte, deseo protestar enérgicamente contra el exterminio del pueblo judío y la pasividad del mundo libre".[45]

Más allá del caso singularmente trágico de Artur Zygiel-bojm, el Bund en su conjunto fue más clarividente que las otras organizaciones judías, y participó muy poco en los consejos judíos. En las aldeas y guetos en donde era mayoritario, cuando consideraba que no podía sustraerse, generalmente hacía de esta participación una pantalla: tras la ayuda social y cultural que administraba en el gueto, organizaba la resistencia y la difusión de la prensa clandestina.[46]

Como en otras partes, el conjunto de las actitudes humanas que se manifestaba iba mucho más allá de una simple división entre los sumisos y los rebeldes. No obstante, entre aquellos que creían en las posibilidades de una estrategia legalista y los que no lo hacían, la oposición fue a menudo dura y en ocasiones violenta. Los partidarios de una cooperación leal defendían la idea de que los judíos debían hacerse indispensables para la economía alemana por el trabajo que ofrecían en los guetos. Las listas y contingentes de deportados establecidos por los consejos judíos eran comparables, según ellos, con el cargamento que un capitán de barco arroja al mar en un temporal para salvar sólo lo esencial. Yacov Genz, el jefe del gueto de Vilna, lo dijo crudamente en un discurso ante escritores y periodistas judíos del gueto:

> Cuando me piden mil judíos, yo se los doy. Si no somos nosotros, los judíos, quienes los damos, los alemanes vendrán a tomarlos por la fuerza. No tomarán mil sino miles, y todo el gueto quedará abandonado. Con centenares yo salvo mil. Con los mil que doy salvo dos mil. Yo, Yacov Genz, si sobrevivo,

saldré sucio y con las manos cubiertas de sangre. Sin embargo, yo mismo compareceré en el proceso de los judíos. Diré: "Hice todo lo posible para salvar el máximo de judíos del gueto y liberarlos. Y para que por lo menos quede un resto de judíos, era una necesidad que condujera a algunos a la muerte. Y para que alguna gente salga con la conciencia limpia, era necesario que yo me metiera en el barro y cometiera actos sin conciencia".[47]

El accionar de Yacov Genz en Vilna competía con la resistencia, a la que por otra parte toleraba. Él fue quien logró la adhesión de la población del gueto.

Este debate, sostenido en términos análogos, vuelve a encontrarse en Francia. La UGIF fue creada por Vichy el 29 de noviembre de 1941. Su consejo de administración fue escogido por el Comisario general en asuntos judíos, Xavier Vallat. Varias de las personalidades invitadas a formar parte de él rehusaron de entrada, como René Mayer, ex jefe de gabinete de Pierre Laval, o incluso Jacques-Édouard Helbronner, ex miembro del gabinete del ministro de Guerra Paul Painlevé durante la Primera Guerra Mundial. La UGIF fue encargada, sobre todo, de organizar la asistencia humanitaria durante la redada del Vel' d'Hiv en julio de 1942. Su acción fue evocada durante el proceso Papon, cuando éste invocaba la personalidad del gran rabino Cohen con quien trabajaba, por ejemplo determinando de común acuerdo a los que debían ser radiados de las listas de deportados. "Una de las tragedias de la UGIF –escribe Pierre Vidal-Naquet– es que incluso cuando fue claro, de una cegadora claridad, que no era más que un instrumento que servía a los alemanes para concentrar, empadronar para ellos a los judíos, en espera de que los deportaran y los mataran, no encaró su propia disolución."[48]

El problema reside tanto en la confianza concedida al régimen de Vichy como en ese encarnizamiento en perseverar en su propia existencia de institución: "Al rehusarse a dispersar a los niños [que ella ubicó en centros de recepción luego de que sus padres fueron llevados], la UGIF vacila en encarar su propia liquidación, cuando todas las entidades afiliadas pasaron a la clandestinidad luego de 1943. Cuando Brunner desencadena su acción en la noche del 21 de julio de 1944, deporta a doscientos treinta y cinco niños en el convoi n° 77; doscientos desaparecen en Auschwitz. Indiscutiblemente, más que una falta de clarividencia, ese legalismo incondicional es una falta criminal que contribuye a desprestigiar esta institución. En efecto, la dirección de la UGIF rechaza la proposición de las organizaciones judías clandestinas de hacer desaparecer a los 'niños tabicados' simulando un amplio secuestro. Fue por este episodio por lo que los miembros de la UGIF presentes tras la guerra, pues muchos fueron deportados, comparecen ante un jurado de honor organizado por el CRIF (Consejo representativo de los israelitas de Francia). Los comunistas hubieran deseado un juicio sobre el conjunto de la organización considerada como un instrumento de colaboración".[49]

Una de las formas de salvar a estos niños consistía, según otras organizaciones judías, en quitarlos de las manos de la UGIF para dispersarlos.

Habitualmente se cree que si la UGIF y los demás consejos judíos persistieron en esta actitud incomprensible fue porque no tenían idea alguna del destino, mantenido efectivamente en secreto, que les esperaba a los deportados. Por cierto, hubiera sido posible salvar el honor, pero ¿a qué precio?, siguen preguntándose: era mejor dedicarse a la preservación tranquilizadora de una apariencia de vida regulada y resolverse, con pesadumbre, a elegir quiénes serían sacrificados por los nazis. Lo cual equivale a decir que el orden, cualquier orden, siempre es más valioso que el caos. Precisamente, en el testimonio de Joseph Melkman (véase Parte II,

p. 132 y ss.), ex dirigente del consejo judío de Amsterdam, se encontrará una posición clara al respecto.

A comienzos de 1943, el consejo había recibido un "informe oficial", donde se le informaba que la mayoría de los judíos de Polonia habían desaparecido. El informe no aclaraba ni dónde ni de qué manera. Recordemos que, efectivamente, entre la primavera de 1942 y el otoño de 1943, casi todos los judíos de Europa fueron exterminados, la mayoría en Polonia. Este informe no circuló, y el trabajo de selección de los deportados por el consejo prosiguió como antes. Melkman aclara que aunque éste hubiera sabido dónde se encontraban los "desaparecidos" no lo habría creído, porque "la cosa era inimaginable". De hecho, las informaciones que se referían al exterminio tropezaron con un escepticismo general. Su horror las desplazaba a la categoría de mentiras de la propaganda de guerra o del rumor, como las había conocido Europa durante la Primera Guerra Mundial. Sin embargo, Joseph Melkman relata en su testimonio la horrible impresión que experimentaba en vísperas de las partidas semanales de los trenes, cuando las personas seleccionadas por el consejo judío eran reunidas para la partida hacia el Este. Al escucharlo, uno se pregunta qué descripción de detalle, qué tipo de pruebas habrían sido necesarias para que, más allá de la conmiseración por las víctimas, surgiera el sentimiento de comprometerse uno mismo en la desaparición de los judíos.

Al terminar la guerra, los dos jefes del consejo judío de Amsterdam fueron llamados a comparecer ante un tribunal de honor. Uno de ellos se rehusó y murió poco después; el otro fue perseguido ante la justicia por el Estado holandés, pero la querella fue abandonada. Como en el caso de Papon, este tribunal de honor permitió al menos hacer justicia simbólica e indirectamente sobre aquellos que habían considerado saber lo suficiente para negarse a cooperar. Joseph Melkman, por su parte, fue deportado a Bergen-Belsen, un campo donde, entre otros, se reunía a "judíos privilegiados": los *Wertvoll Jude,* categoría creada por los nazis para su propaganda y sus intercambios. Luego emigró a Israel y fue director general del Memorial Yad Vashem entre 1957 y 1960. Como tal, en 1958 firmó la carta donde se negaba a Raul Hilberg la ayuda del organismo para la edición de *La destrucción de los judíos de Europa,* considerando que: "Los historiadores judíos de[l] instituto emiten reservas sobre [su] evaluación de la resistencia judía (activa y pasiva) durante la ocupación nazi".[50]

En 1995, Joseph Melkman escribía al periódico israelí *Ha'aretz* para reafirmar lo atinado de la decisión del Yad Vashem.

El único incidente serio, que dio lugar a una interrupción de la sesión –observa Arendt en *Eichmann en Jerusalén...*–, se produjo durante el testimonio de un ex dirigente del consejo judío de Hungría, Pinhas Freudiger. En la sala, interrumpiendo el relato del testigo, alguien comenzó a aullar en húngaro: "¡Usted nos administró calmantes! ¡Usted colaboró con los alemanes! ¡Salvó a sus propias familias! La mía desapareció..."

Bajo el régimen fascista de Horthy, aliado de Alemania, Hungría deportó a los judíos apátridas a los territorios rusos que había anexado. Pero los alemanes lo intimaron a recuperar a los deportados, porque Hungría debía esperar su turno en el programa de depuración que se desplegaba metódicamente de Oeste a Este. Así, pues, Horthy recuperó a los hombres válidos e hizo fusilar a los demás por sus tropas, bajo la supervisión de los alemanes. Pero ahí se quedó, negándose a entregar a los nazis a sus refugiados judíos, a ejemplo de la Italia fascista. Así fue cómo ese país abiertamente antisemita se convirtió, paradójicamente, en un refugio para los judíos.

En marzo de 1944, Alemania, en pleno derrumbe, envía dos divisiones a ocupar Hungría. Eichmann llega inmediatamente a Budapest para organizar las deportaciones hacia Auschwitz. Pinhas von Freudiger, un industrial y dirigente comunitario cuyo abuelo había sido ennoblecido por el emperador Francisco José, conoce entonces a quien es considerado en Hungría como un especialista de la cuestión judía, aficionado al arte y a la literatura judíos. Como en otras partes, el primer cuidado de Eichmann es disolver las instituciones judías y reemplazarlas por una organización centralizada que no es llamada consejo judío, dice el testigo, sino consejo central. "Querían tranquilizarnos –explica–, porque nosotros ya sabíamos lo que significaba consejo judío."

Las redadas comenzaron por los opositores y prosiguieron con los judíos, que fueron concentrados en guetos antes de que, el 15 de mayo de 1944, comenzaran las deportaciones a un ritmo de diez mil personas por día. Siempre para "tranquilizar" a los miembros del consejo central, Eichmann hizo liberar de los guetos a los miembros de sus familias.

Días antes de comenzar las deportaciones, Freudiger había sido informado de que Auschwitz era su destino final, a través de una carta del rabino Weismandel, un ortodoxo checo que desde hacía dos años intentaba alertar al mundo sobre el exterminio. La carta especificaba que cerca de un millón y medio de judíos habían sido exterminados allí, y que ahora era el turno de los judíos de Hungría. Freudiger informó acerca de ello a los miembros del consejo central, quienes, expresó, se negaron a creerlo. Por lo tanto, el destino de los trenes no fue difundido. En cuatro meses, más de setecientos mil judíos fueron enviados a la muerte por los servicios de Eichmann, asistidos por la policía húngara. Muy pocos intentaron huir en el momento de las redadas y las marchas hacia Austria. "No había ninguna parte por donde escaparse; cincuenta por ciento de quienes lo hacían eran atrapados y muertos", explica Freudiger, tras un primer incidente en la sala del tribunal, para justificar la razón del silencio del consejo central. Pero las protestas del público se debían al hecho de que no fue la mitad sino casi la totalidad de los deportados la que desapareció en Auschwitz. Haim Guri, un escritor israelí que todos los días informaba sobre el proceso en el periódico *Lamerhav* (diario del partido laborista), escribió ese día: "No hablaré de la pregunta que se repite incansablemente: ¿cómo y por qué no dieron la alarma? [...] Tampoco hablaré ahora de todas las preguntas que se formulan a propósito de la obra de salvataje. Volveremos, será necesario que lo hagamos, lo queramos o no".[51]

Volver sobre esta cuestión, con seguridad, no significa juzgar la acción de los consejos judíos, pues el problema, en tal contexto de terror e incertidumbre, debe plantearse en términos de responsabilidad política y moral, y no de culpabilidad. Si cooperaron con los nazis, naturalmente fue para tratar de salvar lo esencial, lo cual hicieron en el primer período, cuando la emigración era el objetivo prioritario. Pero cuando, con la entrada en la guerra, los consejos se transformaron en instrumentos de los nazis para organizar la instalación de los judíos en los guetos y la provisión de contingentes para las deportaciones, la política del mal menor se convirtió en una política de camuflaje del peor. La habilidad de los nazis consistió en proyectar una imagen de continuidad manteniendo en la dirección de los consejos a personalidades que representaban una autoridad reconocida y que gozaban de la confianza de la población judía. En nombre de la preservación de un mínimo de orden y de humanidad, los notables contribuyeron con esa mentira.

Uno podría preguntarse: "¿Cómo pudo permitirse participar en esa empresa, de cualquier modo que fuere?" Realmente, no

podemos decir si actuamos de la mejor manera, pero la idea
que nos inspiraba era la siguiente: si hacemos estas cosas nosotros mismos, entonces se harán mejor y con mayor suavidad
que si se encargan otros; y esto era exacto. Los transportes organizados directamente por los nazis siempre eran conducidos
con brutalidad, con una terrible brutalidad.[52]

Con estas palabras, antes de su muerte en Palestina (1947),
se expresaba Moritz Henschel, dirigente de la comunidad
judía de Berlín de 1940 a 1943, cuya esposa testimonió en
el proceso Eichmann. Ella describió la puesta en marcha de
la evacuación por policías judíos, llevados desde Austria
por un adjunto de Eichmann, añadiendo que esos mismos
policías fueron luego enviados a Theresienstadt, donde los
deportados los aniquilaron.

Como se habían dejado embarcar en el engranaje del di-
simulo, los consejos ya no tenían otro objetivo que el de
hacer soportable la prueba. Entre otros ejemplos, éste es el
sentido de la solicitud que el consejo judío de Budapest dirigió a las autoridades antes del comienzo de las deportaciones: "Queremos declarar que no solicitamos esta audiencia para elevar una protesta contra la legitimidad de las
medidas adoptadas sino simplemente para pedir que sean
aplicadas con humanidad".[53]

Adam Czerniakow es la ilustración ejemplar de esta reflexión de Arendt, para quien el problema esencial radica
en el hecho de que "hombres buenos han hecho lo peor".
Presidente del consejo judío de Varsovia, se consagra infa-
tigablemente a mejorar el destino de los cautivos del gueto,
desarrolla actividades económicas destinadas a hacer útiles
a los judíos para la Alemania en guerra, se encarniza en
mantener una vida cultural y social. Se suicida el 22 de julio de 1942, en vísperas del inicio de las deportaciones hacia los campos, cuando las redadas y las ejecuciones no dejan dudas ya sobre el porvenir inmediato. El único repro-

che que le dirige Marek Edelman, uno de los dirigentes de
los sublevados del gueto, miembro del Bund, es haber hecho de su suicidio "un asunto privado que sólo a él concernía", haber muerto en silencio en una época en que "había
que morir haciendo mucho ruido".[54]

Cuando Leo Baeck, ex dirigente de la *Reichsvereinigung*
de Berlín y deportado a Theresienstadt, se entera de la existencia de las cámaras de gas, también decide ocultar esa in-
formación a los habitantes de la ciudad gueto, considerando
que "vivir en la espera de la muerte sólo sería más difícil".
El espíritu apaciguado y compasivo justificaba la censura, el
mantenimiento de los futuros deportados en una posición
infantil y el rechazo de toda iniciativa perturbadora.

Durante un congreso organizado en Yad Vashem en 1968,
el doctor Dvorski, un investigador que había testimonia-
do en el proceso a Eichmann en carácter de sobreviviente
declaró:

> Es menester rechazar la mala senda tomada por una gran can-
> tidad de *Judenrate*. Ellos siguieron ese camino, ya sea a causa
> de la vana ilusión de que así podrían aliviar el martirio de las
> masas o por miedo de su vida. Este rechazo es necesario [...]
> porque más de una vez nos encontraremos en el porvenir, de
> una u otra forma, en éste o en otro país, ante el peligro de los
> *Judenrate*.[55]

A nuestro juicio, el peligro aquí evocado es el mismo que el
de la Realpolitik, otro nombre de la estrategia del mal menor. Al aceptar el juego de fuerzas tal y como se presenta-
ba, invocando una realidad insalvable para reducir a nada
las pocas posibilidades de acción e iniciativa que ofrecían
las circunstancias, los consejos judíos se pusieron en situación de admitir lo inaceptable. La mayoría de ellos persis-
tió hasta el final en las apariencias deseadas por los nazis.
La Gestapo no tuvo que forzarlos a resguardar el secreto.

Ellos lo conservaron por sí mismos, estimando que su responsabilidad se limitaba a apaciguar los sufrimientos, a mantener un simulacro de autonomía y la ilusión de una esperanza. Esta política por "arriba", reducida a negociaciones entre los que saben, los convirtió, de mala gana, en preciosos auxiliares del programa de exterminio.

Fuente de turbación y de controversias, la cuestión de la colaboración judía no presenta, sin embargo, nada de específico ya que los consejos judíos se inscriben en una larga serie de renunciamientos. Ésta debutó a partir de la victoria electoral de Hitler, cuya acta de habilitación que lo "autorizaba" a gobernar por decretos fue votada no solamente por la coalición mayoritaria nacionalistas/nazis, sino también por el partido del Centro. Como lo subraya Arno Mayer, los diputados de este partido esperaban afirmar su existencia política cuando lo que hacían era obrar para su ruina.[56]

Y cuando los obispos decidieron levantar la prohibición sobre los católicos de adherirse al partido nazi, la vida política independiente desapareció. En 1938, los veintinueve países reunidos en Evián, para debatir acerca de la cuestión de las decenas de miles de refugiados judíos que huían de Alemania, expresaron sin vueltas su simpatía y su compasión por los perseguidos. Con excepción de la República Dominicana, todos ellos, con sólidos argumentos políticos y económicos, se rehusaron a aumentar sus cuotas de inmigración.

La actitud de Chamberlain y Daladier, que en 1938, en Munich, aceptaron la ocupación de Checoslovaquia por las tropas alemanas para evitar un mal aún mayor, se convirtió en el símbolo de esta tolerancia resignada de la fuerza. Por supuesto, la potencia militar de que disponían Francia e Inglaterra agrava considerablemente la falta de estas naciones, que entonces traicionaron sus principios y compromisos, pero no modifica su naturaleza. El espíritu de Munich es ante todo la abolición de la política por la Realpolitik.

Ese mismo año en que el Reich despedazaba Checoslovaquia sin disparar un solo tiro, la Realpolitik extendía sus
estragos mucho más allá del campo de la diplomacia. Mientras la Unión nacional de los judíos en Alemania pasaba
bajo el control total de la Gestapo, el Comité internacional
de la Cruz Roja (CICR), autoridad moral del movimiento de
la Cruz Roja, aceptaba la evicción de los judíos de la Cruz
Roja alemana. No sólo no protestó sino que se desveló por
disuadir a los excluidos de protestar, para evitar, según ex-
plicaron sus dirigentes de Ginebra, el envenenamiento de la
situación. Con mucha lógica, desde el momento en que los
principios universalistas de la Cruz Roja eran olvidados, la
institución humanitaria aceptaba que se nombraran un presidente y un director SS a la cabeza de la Cruz Roja alemana, y que sus cuadros siguieran cursos de "formación en la
política racial del Reich". Totalmente entregado a su negociación con las autoridades del Reich para mantener una
presencia en los campos ya abiertos en Alemania, al CICR le
interesaba preservar la confianza de sus interlocutores. Sin
embargo, en 1935, consciente de la creciente amenaza, el
CICR consideraba la posibilidad de "acusar ante la conciencia universal" al Estado y la sociedad de la Cruz Roja que
se sustrajeran a los deberes esenciales de humanidad para
con prisioneros civiles. Este cuestionamiento del dogma de
la soberanía estatal era una innovación que el CICR jamás
utilizó.

Cuando estuvo suficientemente informado de la ampli-
tud de las atrocidades cometidas en los campos, el CICR no
tardó en interrogarse acerca de la oportunidad de publicar
una denuncia. Sus dirigentes descartaron esa iniciativa por
unanimidad, durante una reunión sostenida el 14 de octubre de 1942 en Ginebra. El temor de ver que Alemania de-
nunciara las convenciones de Ginebra, la obligación de neutralidad, la preocupación de no poner en dificultades al go-

bierno suizo fueron razones importantes de este silencio. Pero, en primer lugar, fue la voluntad de preservar las operaciones humanitarias existentes y de desarrollarlas, de socorrer concretamente a millones de prisioneros lo que prevaleció en una decisión sobre la cual el CICR no volvió en toda la guerra. Las iniciativas individuales notables y en ocasiones heroicas adoptadas por sus delegados en los territorios ocupados por el Reich no compensan, ni siquiera a su propia manera de ver, la falta cometida entonces. Así como tampoco las decenas de miles de vidas judías que salvó al final de la guerra, sobre todo en Hungría.[57]

El CICR cerró la boca, por cierto, pero hizo lo mismo que las otras autoridades morales de su tiempo, fueran o no judías. Al menos, tuvo el verdadero coraje de abrir sin restricciones sus archivos a un historiador cuyos trabajos y conclusiones, por desgracia, no perturbaron las prácticas humanitarias ulteriores. Al guardar silencio frente a las ejecuciones en masa, el CICR ofrecía a los criminales la posibilidad de fijar ellos mismos el sentido de su acción: sus visitas a los campos, filmadas por los servicios de propaganda alemanes, servían mucho más a los designios nazis que a la causa de los detenidos. Tanto en el CICR como en otras partes, el espíritu Realpolitik se había impuesto, y con él el marco mental del peor de sus enemigos.

Verdad y montaje

Instalarse en una sala de montaje para observar trescientas cincuenta horas de imágenes de video de mala calidad, filmadas a puertas cerradas, es una experiencia que intimida. De entrada, ante los metros lineales de estanterías cubiertas de casetes, nos ubicamos en un tiempo dilatado y agobiante. Dos años después de comenzar el trabajo de escritura y de producción del film llega el momento decisivo. De esta masa, habrá que extraer y articular dos horas en total, duración máxima que nos hemos fijado. ¿Por qué dos horas? Porque nuestra ambición es hacer un film accesible tanto por su extensión como por su forma, un espectáculo. Para ello serán necesarios dos años de montaje.

Desde la observación del primer casete nos damos cuenta de que nos enfrentamos con una sucesión desordenada de secuencias a menudo incompletas, sin orden cronológico ni referencias. Únicamente el último tercio del proceso está conservado íntegramente: se trata del interrogatorio y contrainterrogatorio a Eichmann, cuyas imágenes no fueron recortadas para la difusión televisada. Fueron necesarios seis meses para realizar una primera revisión completa, que permitiera catalogar y clasificar el conjunto con la única referencia de los números de pruebas del proceso. Esos números, con los nombres de los testigos, eran las únicas referencias que permitían identificar las escenas. Cada una de las casi mil quinientas pruebas –documentos escritos, fotos, grabaciones, objetos– fue presentada en audiencia por el ministerio público con un número de identificación, e inmediatamente registrada por la Corte con otro número atribuido por el presidente. Todas ellas están incluidas en un índice al final del informe escrito del proceso, cuyos seis volúmenes, a lo largo de esta etapa, serán nuestra referencia permanente.

Las cuestiones de procedimiento, en ocasiones muy duraderas, se estiran tanto más cuanto que, como el resto, son objeto de una traducción diferida que alarga todo. Naturalmente, la lengua del proceso es el hebreo, traducido al alemán para el reo y su abogado, cuyas intervenciones, a su vez, son traducidas al hebreo. Cerca de un cuarto de los testigos se expresan en una lengua diferente del hebreo. Los intérpretes se preocupan por la traducción del polaco, el iddish, el francés, el inglés, el húngaro. El sonido de la traducción, grabado aparte, se deslizó por encima de las voces de los protagonistas luego de la fase de clasificación de las imágenes. De esta manera la traducción diferida del proceso fue simultánea en el film, acortando considerablemente la duración del conjunto. Fue ese trabajo de clasificación y de contracción, luego de la transferencia de las imágenes sobre un soporte legible, lo que permitió transformar el material bruto en documentos utilizables, es decir, en archivos. Esta primera revisión del proceso, entrecortada, hecha de idas y vueltas entre texto e imágenes, no estaba prevista. A pesar de significar un alto costo financiero, presentó la ventaja de llevar al realizador y al montajista a una larga y profunda inmersión en el interior de la materia del proceso. Al disponer entonces de una serie cronológica y de un catálogo detallado de todas las secuencias y los planos, lo que de paso permitió inventariar los testimonios perdidos o incompletos, podíamos encarar la observación propiamente dicha.

El material visual es en ocasiones denso, implica largos momentos vacíos de toda acción: pasaje e inscripción de documentos, consulta silenciosa de las pruebas, discusiones técnicas sobre puntos formales de derecho. Con más frecuencia, los relatos de sobrevivientes en la barra de los testigos hielan a los espectadores en que nos hemos convertido. Más tarde, se suceden las explicaciones del acusado, cuya expresión burocrática y embrollada, a menudo aburrida a fuerza de detalles insignificantes, en ocasiones se vuelve burlesca: así, un documento de la fiscalía muestra que amenazó con interrumpir las deportaciones de Francia si los horarios no eran respetados. Interrogado por la Corte sobre las eventuales consecuencias de dicha interrupción, responde con un aire consternado que hubiera sido el acabóse. En otra parte, Eichmann, siempre rodeado por una masa de papeles, corrige al tribunal sobre los números de referencias de los originales de su legajo de acusación o traduce para los jueces, con la mayor seriedad, improbables términos de la jerga administrativa.

Por sí mismo se instala un personaje más cercano a Courteline que a Shakespeare, lejos de la imagen llameante del SS. Aquí nos encontramos frente a un prototipo de la "raza de los señores", muy diferente de los que Leni Riefenstahl representó, y tras ella centenares de filmes que nada tienen de nazis. Con excepción de Lubitsch y de Chaplin, el cine que evoca o narra este período no dejó de poner en escena a SS poco más o menos inspirados en la cineasta del partido nazi: guerreros ceñidos en sus uniformes negros con la estampa de la calavera, grandes bestias rubias y hombres de hierro tal y como los soñaban los maestros de la propaganda hitleriana. Hacer ver y dejar hablar a Eichmann significa comenzar a salir de esos estereotipos.

Frente a la gran cantidad de material audiovisual disponible era necesario establecer de entrada una mirada selectiva. Las centenares de horas pasadas ante esas imágenes no pretendían ser para nada una estrategia de esponja que apuntara a una absorción pasiva e indiscriminada. Por el contrario, esta frecuentación intensiva de los archivos estaba enmarcada y era guiada por un claro objetivo: reunir todos los elementos capaces de tornar inteligible el "sistema Eichmann". Cierta cultura televisiva y documental permite pensar que la imagen sería una representación de la realidad del mundo: se viviría el acontecimiento al contemplar su proyección. Esto implica olvidar que la pantalla oculta tanto como devela, que todo encuadre es ya una elección, y por tanto un acto de censura. Con el mismo espíritu, encarar algo sin *a priori,* permaneciendo abierto de alguna manera a toda eventualidad, garantizaría la "objetividad de la mirada". Como si una mirada fuera una cosa en sí, existente fuera de una persona dada. A contrapelo de la idea de una objetividad o de una ingenuidad de la mirada, asumimos de entrada la distorsión inducida por nuestro punto de vista, porque lo oponemos a lo que vemos como otra distorsión, la de un supuesto efecto de verdad que saldría del documento bruto.

Un famoso episodio, presente en la casi totalidad de los filmes que evocan el juicio Eichmann, ilustra esta problemática. Se trata de uno de los momentos más dramáticos del proceso, el testimonio de Yehiel Di-Nur. Este hombre, de cuarenta y cinco años en el momento del proceso, pasó dos años en Auschwitz. Es escritor, de origen polaco. Único sobreviviente de su familia, abandonó su verdadero nombre en el momento de la liberación y firma sus libros con el seudónimo de Ka-Zetnik, deformación de KZ por *Konzentrationslager* (campo de concentración). Publicó en Israel uno de los primeros libros sobre Auschwitz. Famoso en su país, sólo es conocido con ese nombre y jamás se presentó en público, ni siquiera en fotos, antes del proceso Eichmann. En la barra de los testigos rememora, en pocas frases pronunciadas con una voz cavernosa. "Hubiérase dicho un alucinado leyendo una página de un libro", escribe el cronista del proceso Haim Guri.[58] Habla del "planeta Auschwitz", de sus habitantes sin nombre, ni padres, ni hijos. "Los veo –dice–, ellos me miran, yo los veo." Interrumpido por el fiscal, que intenta interrogarlo, Ka-Zetnik se desvanece y se desploma, inconsciente. En la sala desquiciada, los enfermeros acuden para llevárselo.

Esta escena, frecuentemente difundida, conservada entre las pocas secuencias accesibles, se ha convertido en uno de los símbolos más sobresalientes del proceso. Si de entrada la censuramos clasificándola en la categoría del material que no debía utilizarse para realizar el film, no es para singularizarnos a través de una ausencia notable. Lo hicimos por dos razones, cada una de las cuales remite a la distancia que separa a los espectadores de hoy de los de aquella época. Por un lado, decidimos escoger entre los testigos sólo a aquéllos cuya historia estuviera en relación directa con el trabajo de Eichmann: identificación y reunión de los deportados, transportes, desembarco final. Por lo tanto, dejamos a un lado a los sobrevivientes que narraran su experiencia en los campos. Esa elección era posible ya que los horrores de la vida en los campos hoy son mucho más conocidos que en la época del proceso, y porque los relatos de los testigos "directos" que sí hemos conservado son en sí mismos suficientemente explícitos al respecto. La segunda razón tiene que ver con la historia del propio Ka-Zetnik/Di-Nur, que ya no se reconoce en la descripción de Auschwitz que entonces realizó. Mientras tanto, él recuperó su verdadero nombre y restituyó a Auschwitz sobre la Tierra, como obra de los hombres y no ya como maldición proveniente del exterior. Si permanece sumido en la angustia, en adelante lo hace volviendo su mirada hacia el porvenir. Consagra su energía de ciudadano a luchar contra el peligro del arma nuclear.

Utilizar la escena espectacular del desvanecimiento de Ka-Zetnik hoy equivaldría, en las circunstancias posteriores al proceso, a traicionar a Yehiel Di-Nur. Esta censura, en otras palabras este montaje, se une con la del cuadro, ya que elegir es ante todo eliminar. La verdad de este film, de todo film, pues, no se encuentra en una inconcebible absorción de lo real, sino en una reconstrucción cuya estructura y criterios de elección deben ser explicitados.

Para avanzar en esta masa de imágenes hemos adoptado un método de reducciones sucesivas. Al retomar la problemática del crimen administrativo desarrollada por Arendt, decidimos ante todo no seguir el procedimiento jurídico, por interesante que pudiera ser. Los brillantes análisis de jurisprudencia de los magistrados israelíes, así como las objeciones opuestas por la defensa de Eichmann, fueron clasificados fuera de tema. El extenso discurso de apertura del fiscal, al igual que ciertos testimonios sin relación con la deportación y aquellos que se refieren exclusivamente a los campos, con pocas variaciones, han corrido el mismo destino. Únicamente se han conservado breves extractos para la ubicación del personaje de Hausner, el fiscal. Los relatos de sobrevivientes que sólo se refieren al interior de los campos han sido descartados, con excepción de aquellos que testimoniaban la llegada a destino, con el objeto de permanecer estrictamente en el "campo de competencia técnica" de Eichmann. Por último, hemos considerado como carentes de interés las declaraciones de los testigos de la defensa, ex SS, que habían sido recogidas en el extranjero (Hausner aclaró al respecto que no se oponía a que fueran presentadas, pero que, si los ex colegas del acusado venían a Israel, por supuesto serían inmediatamente detenidos, lo cual provocó una carcajada en la sala).

La supresión de los intervalos de traducción y esos cortes masivos constituyeron la primera reducción que también involucró, por desgracia, las imágenes de muy mala calidad. De las trescientas cincuenta horas quedaban entonces setenta, de las cuales diez fueron reservadas con miras al montaje final, para dar coherencia temporal y fluidez a la narración. Se trata de un conjunto de planos y minisecuencias conservadas específicamente por su poder de evocación visual o para los encadenamientos de los distintos momentos de diálogo, o incluso para señalar el paso del tiempo.

En esta fase, el orden cronológico del proceso estaba conservado, siendo todavía el recorte de este conjunto el de las sesiones sucesivas. El acopio de las minutas del proceso sobre tratamiento de texto facilitó la reducción simultánea de los diálogos, que progresó con la de las imágenes a todo lo largo del desarrollo. Luego, esta masa fue reducida a más de la mitad, no ya por bloques como antes sino por cortes más finos, en el interior de las sesiones. La supresión de las repeticiones y de las digresiones permitió llegar a treinta horas.

Decidimos entonces que había llegado el momento de liberarnos del desarrollo cronológico del proceso. Los elementos más puntuales de que disponíamos podían ser clasificados según una progresión histórica. En adelante nos encontrábamos en condiciones de comparar los hechos referidos por los testigos o contenidos en los documentos y las explicaciones de Eichmann. Desapareció entonces el orden cronológico de las sesiones en beneficio del orden histórico de los acontecimientos.

El producto de esta tercera reducción fue una serie de secuencias temáticas de longitud variable y groseramente puestas una tras otra, que narraban episodios con varias voces diferentes: la Noche de cristal, la emigración forzada, el plan abortado de transferencia de los judíos de Europa a Madagascar, los objetivos y el funcionamiento del departamento administrativo del acusado, la conferencia de Wannsee donde se planificó el exterminio, la deportación de los niños de Francia, las deportaciones de Hungría y muchas más. Esto dio lugar a volver a comprobar la complementariedad de los relatos del acusado y de los testigos, entre los cuales no se destacaba casi ninguna contradicción de orden fáctico. La duración total de dichas secuencias no excedía las doce horas, y fue reducida a ocho por compresión o supresión de algunas de ellas. La historia de las deportaciones de Hungría, que constituyó el triunfo de Eichmann y un terrible ejemplo de cooperación de los consejos judíos, desapareció en ese momento: se requería más de una hora treinta para comenzar a tornar inteligible ese último y sangriento episodio de la carrera del acusado. El plan Madagascar, que quedó en estado de proyecto, y la Noche de cristal, en la cual Eichmann no desempeñó ningún papel, también fueron suprimidos. Las secuencias conservadas fueron acortadas por la supresión de los elementos redundantes: procedimientos de decisión, campo de competencia administrativa, modalidades de cooperación entre servicios y con los consejos judíos. Se realizó un trabajo delicado de cortes y empalmes con el objeto de suprimir todos los nombres de lugares y personas que no resultaban estrictamente indispensables para la comprensión.

La silueta de nuestro especialista comenzaba a aparecer. Había llegado el momento de afinarla, como en la progresión del dibujo de un retrato robot: cualquiera fuera su campo, un especialista es una persona que se percibe y es socialmente percibida como tal. Esta definición implicaba la descripción de su campo de competencia y su reconocimiento como experto. Las secuencias montadas fueron revisadas y reacondicionadas según este código interpretativo. La reducción a la mitad de las ocho horas entonces constituidas pasó primero por un trabajo de cortes sobre el texto escrito, que, naturalmente, había seguido el mismo recorrido de reducciones que la imagen. Para llegar a la duración de cuatro horas fue necesario descartar varios temas conservados hasta entonces: las dos secuencias referentes a las misiones "humanitarias" de Alexander Arnon y la entrega de las direcciones de los niños a la Gestapo (véase cap. III), quedaron en el camino. Lo mismo ocurrió con la descripción del gueto vitrina de Theresienstadt, para no citar más que lo esencial. Nuestro retrato del especialista estaba ya muy adelantado.

En esta fase debimos renunciar a dos temas particulares, a despecho de la importancia que les concedíamos: la "cuestión judía" y el suicidio. El interés del primero radicaba en el hecho de que todos los protagonistas del proceso parecían saber espontáneamente lo que ella encubría. Para esta "cuestión", que implicaba un "problema", había una respuesta, que era una "solución". Los jueces, el ministerio público y el acusado, al menos, estaban de acuerdo en este punto. Por lo tanto, nadie trató de esclarecer su contenido. Como ninguna pregunta había sido formulada sobre esta "cuestión", no encontramos la forma de hacer resaltar aquello que, a nuestra manera de ver, era una construcción ideológica. La cuestión del suicidio apareció en varias oportunidades durante el proceso: varios testigos, sobre todo Georges Wellers y Michael Podchlewnik, mostraron cómo los nazis habían logrado proscribir hasta ese último acto de libertad individual en el mundo de los campos de concentración. Por su parte, Eichmann evoca la posibilidad de suicidarse en el caso en que hubiera sido conminado a matar directamente. Nosotros fracasamos en poner en escena el contraste entre estas dos situaciones, que nos resultaba revelador de la usurpación totalitaria sobre los cuerpos. Nuestros diferentes intentos de acercamiento no establecían un lazo perceptible de simetría.

Las dos últimas reducciones hicieron pasar la secuencia de cuatro horas a dos horas treinta, y luego a una hora treinta. Habíamos conservado largos monólogos de Eichmann al responder de manera detallada a las preguntas de su abogado. Al aparecer como fabricados, relatados, descartamos casi todos en provecho de los vigorosos enfrentamientos del acusado con el fiscal durante el contrainterrogatorio. Una escena descrita por Arendt, en la cual Eichmann, como respuesta a uno de los jueces, daba una definición (correcta) del imperativo moral de Kant y de las consecuencias que él extraía también fue abandonada en esta fase. Otros momentos permitían ya comprender que Eichmann sabía distinguir las acciones morales de las inmorales. Como los pocos minutos en los que "filosofa" no tienen que ver con otra cuestión en el proceso, los consideramos como anecdóticos.

La última etapa, que debía conducirnos al film, consistió primero en un trabajo sobre el texto escrito, con el objeto de establecer una continuidad dialogada definitiva, fuera de toda preocupación referente a la articulación de las imágenes. Las secuencias ya montadas ponían de manifiesto repeticiones, o más bien temas encastrados unos en otros, que el trabajo en el papel permitió disociar y seleccionar: estructura jerárquica de la organización administrativa, sentido del orden y delimitación del territorio de competencia del acusado, manifestación del "procedimiento" que implica una deportación, relatos cruzados de Eichmann y sobrevivientes, funciones generales y papeles concretos de los consejos judíos. Los planos de Eichmann, en los que manipula con destreza pilas de documentos, suministraban en sí mismos una representación eficaz de su fervor burocrático. El conjunto fue organizado con la preocupación permanente de ceñirse en la mayor medida posible al orden cronológico de los acontecimientos.

De esta continuidad dialogada de una hora treinta aún quedaba por hacer un film. Para ello, fue estructurada en una docena de "cuadros". Sus respectivas construcciones y su sucesión apuntaban, por un lado, a darles una personalidad propia en el ambiente y el ritmo de la acción, y, por otro, a recrear, mediante el artificio del montaje, el tiempo imaginario de un proceso. Ya habíamos elegido el punto de vista: el de un espectador presente en la sala de audiencias, confrontado exclusivamente con la escena del tribunal, es decir, con la soledad del juzgado. Por consiguiente, los cuantiosos planos de la sala y del público presentes en el material original no figuran en el film, salvo por los reflejos en la jaula de vidrio, con excepción de los momentos en que ocurre un incidente que atrae la mirada del espectador. La construcción de un espacio y un tiempo por recorte y zurcido, durante el montaje, nos evocó la fantasía de dominación absoluta, el sueño totalitario por excelencia. ¿Debe verse en esto una de las razones de la fascinación de los tiranos modernos por el cine?

La cuestión de una estética propia, es decir, una forma adaptada a nuestra actitud política, se planteó durante todo el trabajo. El ritual jurídico sólo llega al público a través de los filmes que lo utilizaron, fuera de Estados Unidos, donde cotidianamente se retransmiten procesos en la televisión. El desarrollo de un proceso, pues, sólo es conocido a través de la forma que impuso el cine. Por eso partimos de la idea de que únicamente una construcción argumentada permitiría restituir su dramaturgia, y elegimos poner en

escena estos archivos según las técnicas y la gramática re-
conocibles como las de la ficción.

Mediante varios micrófonos, asignados a cada uno de
los protagonistas del proceso, habían sido realizadas grabaciones radiofónicas de buena calidad. Nosotros las utili-
zamos para reemplazar el sonido original del video y luego
crear una espacialización sonora de la sala.

La imagen de archivo presenta un problema particular.
En efecto, su aspecto inmediatamente reconocible –vagos
contornos, agitación, débil contraste– ubica al espectador
en una relación inconsciente de alejamiento temporal frente a la acción que se desarrolla en la pantalla. Para eliminar esta distancia mental quisimos borrar lo que daba a estas imágenes su índole destacada. Estas diferentes razones
nos llevaron a trabajarlas utilizando tres tipos de técnicas:
por un lado, las restauramos y reiluminamos íntegramente,
recurriendo a los métodos de tratamiento numérico y a las
estaciones de trabajo habitualmente utilizadas para los efectos especiales. Por otro lado, para dar cuenta del espacio
arquitectónico del tribunal y garantizar en ciertos momentos la continuidad temporal de los diálogos, introdujimos
varios movimientos de cámara que no existían en el rodaje
original. Para ello tuvimos que componer, a partir de varias imágenes originales, una imagen única que, por ejemplo, englobara la jaula de vidrio del acusado a la izquierda,
el estrado de los jueces en el centro y la barra de los testigos a la derecha. Sobre esta nueva imagen, luego aplicamos
un movimiento panorámico. Por último, planos de la sala
de audiencias fueron "incrustados" como reflejos sobre la
pared de vidrio de la jaula del acusado, de manera de rein-
tegrar al público en el espacio cerrado.

Al actuar de este modo sobre la imagen, de una manera
imperceptible para el espectador, teníamos conciencia de
debilitar su *status* de última verdad y de encarar, debido a

eso, un terreno sensible, más sensible para un film sobre Eichmann que en el caso, por ejemplo, de *Forrest Gump*. Sin embargo, ya fuera respecto de la imagen o del escrito, nos situamos en la misma posición de neutralidad. A diferencia de los íconos, objetos de culto, las imágenes son, a lo sumo, objetos de pensamiento. El respeto que se debe a aquéllos no se justifica para éstas, que sólo existen por el trabajo que se les aplica. No vemos cómo atribuir un valor moral cualquiera a una técnica en sí misma, considerando que únicamente su uso puede ser objeto de juicio. La locomotora no es percibida como una amenaza, aunque el uso militar de los trenes esté estrechamente ligado a la aparición de los campos de concentración, desde la guerra de los Boers hasta el III Reich. Antes de *Shoah*, de Claude Lanzmann, *Noche y niebla*, el film pionero de Alain Resnais, fue el documento de referencia sobre el mundo de los campos de concentración nazis. Sin embargo, esta obra mezclaba indistintamente extractos de filmes de ficción, imágenes rodadas por Alain Resnais y archivos de distintas fuentes sin identificación. La única referencia introducida fue la oposición blanco y negro/color, que separa pasado y presente, esquematizando con una simple y engañosa manipulación técnica dos *status* de verdad. La cuestión de la verdad de las imágenes, por cierto, no era central en lo que ante todo era un poema de denuncia. Esta libertad adoptada con el material, que hace de *Noche y niebla* una gran meditación sobre el universo de los campos, plantea no obstante serios problemas éticos. Se ve, empero, que carecen de relación con una técnica particular.

Queda lo que para nosotros es lo esencial: las manipulaciones técnicas empleadas en *Un especialista* son insignificantes respecto de la carnicería necesaria para extraer dos horas de un fondo de trescientos cincuenta, y adquieren todo su sentido como elementos de una construcción dramatúrgica cuyo desafío es hacer inteligible el film, convertirlo en un objeto de pensamiento. Todo nuestro esfuerzo consistió en aislar de esa gran cantidad de imágenes aquellas que, reunidas, exponían un aspecto fundamental y generalizable de la empresa de destrucción nazi: el crimen administrativo. Las etapas sucesivas de esta larga serie de recortes y suturas fueron conservadas en su forma montada. Pueden ser reconstituidas gracias al catálogo detallado que permitió su realización. Así, toda escena del film puede ser vinculada con su fuente y sus desarrollos anteriores aunque, paradójicamente, este film de archivo contenga planos que no existen en el fondo de archivo del que surgió. A nuestro juicio, y más allá de la explicitación de nuestras opciones de fabricación, esta transparencia fue el único imperativo ético a partir del cual podíamos realizar nuestra construcción. Más allá del caso particular de este film, lo que aquí reaparece es la necesidad más general de la conservación de los documentos en condiciones de que puedan ser utilizados y permitan las idas y vueltas entre la fuente y su utilización.

"Yo quería exponerme, no a las acciones mismas, que después de todo son conocidas, sino a aquel que produce el mal", escribe Hannah Arendt.[59] Con este film en que el mismo Eichmann representa el papel principal, nuestra ambición fue colocar al público de cine en esta situación, ubicándonos también en la huella de Raul Hilberg, que explica el interés de esta perspectiva en algunas frases límpidas:

> Resultaba imposible captar la plena dimensión de este hecho histórico si no se comprendían los mecanismos de los actos de los ejecutores. Era el ejecutor quien tenía la visión de conjunto. Solamente él formaba el elemento determinante. Yo debía ver el acontecimiento a través de sus ojos, desde su géne-

sis hasta su apogeo. La certidumbre de que la perspectiva del ejecutor ofrecía la primera pista que debía seguirse se convirtió para mí en una doctrina que jamás abandoné".[60]

Si bien los historiadores utilizaron principalmente los documentos de los nazis para describir el proceso de destrucción, elucidar el marco mental y analizar las condiciones del crimen, no dieron sin embargo la palabra a los criminales. Desde el descubrimiento del material audiovisual excepcional constituido durante el proceso Eichmann decidimos hacerlo, en el espíritu de Primo Levi, que en su prefacio a las memorias de Rudolf Hess (el primer comandante de Auschwitz), invita al lector a descubrir "un itinerario humano que, a su manera, es ejemplar", y considera esta autobiografía como "uno de los libros más instructivos que se hayan publicado jamás".

Pero el texto no es la imagen. Si bien no es sagrada, tiene su lógica propia, y fue a la pantalla adonde llevamos el discurso de Eichmann. Aquí lo tenemos, pues, con rostro y palabra animados, con una conciencia y dudas expresadas por la voz de este hombre. Aquí lo tenemos, además, en posición de debilidad en su jaula, enfrente y más abajo de jueces que tienen su destino entre las manos. Aquí lo tenemos, pues, frágil, vulnerable, en suma, humano. Sin duda, ese poder redentor de la imagen es la razón por la cual, de más de mil filmes rodados por los nazis durante su reinado, sólo cinco son antisemitas, ya que los otros "son casi siempre exaltaciones 'positivas' [...] de sus tesis", escribe Jean-Michel Frodon.[61] El autor expresa la hipótesis de que el *Untermensch,* el subhombre, el antihéroe, no es un buen personaje de film. Esta idea remite al cambio de la representación de los indios en el *western.* Mientras no eran más que siluetas lejanas y hordas amenazadoras, los indios estaban encerrados en el papel del predador que era necesario eliminar. Su aparición como personajes con todas sus ventajas y derechos, que hablan y actúan, se ubica en un trastocamiento que los convierte en seres humanos con quienes los espectadores ahora podían identificarse. Como tenían la intuición de tal proceso de aproximación y humanización del "judío", los nazis, salvo raras excepciones, evitaron convertirlo en un personaje de cine.

Sin embargo, la ubicación en la pantalla de Eichmann como personaje principal, ¿no corre el riesgo de inducir en los espectadores, en un movimiento análogo, un sentimiento de identificación y comprensión hacia quien se explica y justifica largamente? En efecto, este hombre que nos cuenta su trabajo, nos habla de sus dichas y sus penas, se parece a todo el mundo. Los problemas técnicos que tuvo que resolver, sus problemas de conciencia y la "obligación" en que se encontraba de ejecutar las órdenes son experiencias vividas por cada uno de nosotros. Pero precisamente quisimos apoyarnos en ese sentimiento de familiaridad. Fue en este espacio tenue que separa identificación, comprensión e indulgencia donde quisimos evolucionar. Si pudimos escoger esta senda, empero, fue porque al mismo tiempo teníamos conciencia de llegar a ella tras haber recorrido muchas otras y, por consiguiente, dirigirnos a un público cuya opinión no es virgen, ni mucho menos.

En grados por cierto variables, con un conocimiento más o menos detallado, el horror del universo de los campos nazis forma parte de nuestra conciencia colectiva. A menudo utilizada a diestra y siniestra, la referencia a Auschwitz en cuanto símbolo de este universo es omnipresente en la opinión occidental. Nadie puede hoy mirar cómo se expresa Eichmann sin tener inmediatamente presente el terror, uno de cuyos actores principales ha sido él. Este contrapunto es un elemento no escrito esencial del guión de *Un especialista*.

Por lo demás, si dejamos que nuestro personaje describa precisamente su trabajo y se escape en la abstracción de su vocabulario burocrático, es a todas luces para situarnos en ese mundo del que Eichmann se sustrajo. Pero allí están los sobrevivientes, para completar el cuadro dando el otro punto de vista sobre la realidad de su tarea administrativa. La deportación de los niños luego de la redada del Vél' d'Hiv, por ejemplo, ilustra tanto mejor lo que significa un "procedimiento administrativo" que su arresto no había previsto inicialmente. Por lo tanto, Eichmann tuvo que consultar a su jerarquía. Había un problema: ¿qué hacer con esos niños?, al que nuestro experto encontró una solución. Eichmann describe el problema considerado desde su oficina de Berlín, y Georges Wellers nos restituye su otra dimensión, descrita de una manera igualmente concreta desde Drancy y Auschwitz. En este contexto, la identificación con el personaje principal del film puede, sin duda, rozar la comprensión, pero entonces lo que surge de esta aproximación es el miedo, y no la indulgencia.

Nos fijamos como objetivo provocar ese sentimiento de espanto sin mostrar una sola imagen de horror, presentes en los archivos, pues los filmes que habían sido proyectados en el proceso de Nüremberg formaban parte del legajo de acusación de Eichmann. Una sesión del proceso había sido consagrada a la proyección de tales documentos, los mismos que habían servido para la realización de *Noche y niebla*. Al observarlos en el montaje, por otra parte, tuvimos la sorpresa de descubrir otro corte fuera del que ya era conocido. Se recordará que, para obtener la visa de explotación de su film, en 1956, Alain Resnais y Jean Cayrol habían debido suprimir un plano sobre el cual aparecía el quepis de un gendarme francés en el campo de Pithiviers. Entonces, la colaboración era un tema tabú. No sabíamos que había otro plano censurado: aquél en que se percibe fugazmente un brazo compasivo, ceñido con un brazalete de la Cruz Roja, que se extiende por la abertura de un vagón de mercancías para ayudar a que se alzara un deportado. Pero no retomamos dichas imágenes, la mayoría de las cuales son escenas de osarios, muertos vivos en trajes rayados y cadáveres en alambres de púas. Mil veces vistas, mil veces comentadas, se han convertido en estereotipos, en el sentido en que Roland Barthes describe las "fotos impactos": "Frente a ellas nos hallamos desposeídos de nuestro juicio. Alguien se ha estremecido por nosotros, ha reflexionado por nosotros, ha juzgado por nosotros; el fotógrafo no nos dejó nada, nada más que un simple derecho de asentimiento intelectual".[62] Por eso, a cambio, preferimos el rostro de Eichmann mirándolas y el ambiente del tribunal, sobrecargado por las frases lacónicas del fiscal que, a cada nueva secuencia, invisible para el espectador, describía su contenido en pocas palabras. Dicho de otro modo, apostamos a la fuerza del imaginario y contra el machaqueo de las imágenes de la desgracia. Su poder denunciador es un credo que no compartimos. Exponer el sufrimiento, se dice, sería empezar a aliviarlo; mostrar el crimen contra la humanidad sería ya combatirlo. Esos estereotipos euforizantes eluden la cuestión de la responsabilidad política reemplazando la reflexión sobre el mal por el espectáculo de la desdicha. Cuando el acontecimiento político se ve reducido a un suceso patético, la piedad paraliza el pensamiento, la aspiración por la justicia se degrada en consuelo humanitario. Precisamente allí radica la banalización del mal.

PARTE II

Guión del film
Un especialista

Escrito por
Eyal Sivan (autor-realizador)
Rony Brauman (autor-adaptador)

Se descubre una sala de teatro, con sus asientos en grade-
rías y su piso principal, luego el tribunal. En el escenario,
sobreelevada y al fondo, se encuentra la larga mesa donde
sesionarán los jueces. Por encima del sillón del presidente
del tribunal pende un escudo, sobre el cual se ha colgado
un candelabro de siete brazos.

    En un nivel inferior respecto de la mesa de los jueces se
han dispuesto dos recintos para los intérpretes. Sobre el
proscenio, una larga mesa cubierta de legajos. La defensa y
la fiscalía se ubicarán allí, enfrentando a la Corte y de es-
paldas al público. A la izquierda de esta mesa, contra el ta-
bique, se encuentra la jaula del reo, con el agregado de una
pared de vidrio. A ella se accede directamente desde el ex-
terior por una puerta. A la derecha se ha dispuesto otra tri-
buna, reservada para los testigos. El acusado y los testigos,
enfrentados y a algunos metros de distancia entre sí, se pre-
sentarán de perfil respecto del público de la sala.

    Mientras se ven los primeros planos del film, mostrando
la sala aún vacía, se escuchan los cargos –crímenes contra
el pueblo judío, crímenes contra la humanidad– enuncia-
dos en hebreo, inglés y francés.

El tribunal es presidido por el presidente Landau, asistido
por los jueces Raveh y Halevi. La acusación es dirigida por el
fiscal general Hausner, asistido por los fiscales Bar-Or y Bach.
La defensa de Eichmann está a cargo del doctor Servatius.

UJIER. —¡La Corte!

Los tres jueces ingresan en el tribunal y se instalan en la mesa que enfrenta al público.

PRESIDENTE LANDAU. —Declaro abierta la séptima sesión del proceso. El fiscal general proseguirá su discurso de apertura.

FISCAL GENERAL HAUSNER. —Señoras, señores, honorable Corte, ante ustedes se encuentra el destructor de un pueblo, un enemigo del género humano. Nació como hombre, pero vivió como una fiera en la jungla. Cometió actos abominables. Actos tales que quien los comete no merece ya ser llamado hombre. Pues existen actos que se hallan más allá de lo concebible, que se ubican del otro lado de la frontera que separa al hombre del animal. ¡Y solicito a la Corte que considere que actuó por propia voluntad, con entusiasmo, ardor y pasión, hasta el final!

Por eso les pido que condenen a este hombre a la muerte.

- FUNDIDO A NEGRO -

En su jaula de vidrio, Eichmann sacude el polvo de su mesa de trabajo con su pañuelo.

- FUNDIDO A NEGRO -

Gritos en el público. Un hombre vocifera en dirección a Eichmann. Intervienen algunos policías para obligarlo a salir.

PRESIDENTE LANDAU. —¡Hagan salir a ese hombre!

EL HOMBRE EN EL PÚBLICO. —¡Perro sanguinario! ¡Perro sanguinario!

PRESIDENTE LANDAU. —¡Está molestando! Quédese sentado. Si quiere quedarse, debe sentarse para que la audiencia pueda continuar. Si no, tendrán que detenerlo. Los que no puedan soportar, que salgan... Prosigamos, señor Bar-Or.

Franz Meyer, un hombre de unos cincuenta años.

FISCAL BAR-OR. —¿Se acuerda usted de haber conocido a Eichmann?

TESTIGO MEYER. —Sí.

FISCAL BAR-OR. —¿De qué hablaron durante esas reuniones, cuáles eran los temas, qué quería saber él?

TESTIGO MEYER. —Había todo tipo de cosas. En general, yo intervenía en el marco del *Reichsvertretung* (delegación ante el Reich). Me ocupaba de la formación de los pioneros (*Halutzim*). Resulta que yo estaba inscrito como responsable del Fondo Nacional Judío (*Keren Kayemeth Le Israel*). Me había enterado de que se había instalado ahí, y como entonces pensaba que era una persona capaz de entender nuestras tribulaciones, como entonces parecía que él podía comprender nuestra situación y nuestros problemas, en el curso de esas entrevistas yo lo hacía partícipe de los pedidos y de los reclamos. Debo decir que, siempre, hacía algo. Hacía algo... Pero debo aclarar que, casi todas las veces, decía: "Ante todo debo preguntar a mis superiores". Pero en general era posible entenderse. Fuera de esto, en esa época yo tenía la impresión de que él quería enterarse y comprender las cosas en detalle. Naturalmente, todos sabemos que los asuntos judíos no eran una cosa tan simple. Muchas cosas eran difíciles de explicar, incluso entre nosotros... Es todo lo que diré sobre esto. Y él me pedía que se las explicara.

FISCAL BAR-OR. —Y su conducta, ¿cómo era?

TESTIGO MEYER. —En esa época pensaba que era una persona tranquila, que se comportaba normalmente. Por supuesto, no había nada personal en nuestras relaciones. Simplemente eran frías, pero correctas.

FISCAL BAR-OR. —¿Durante esas reuniones las relaciones eran correctas? ¿Totalmente correctas?

TESTIGO MEYER. —Sí, sí, sí. Él me llamaba "Señor" y me permitía sentarme. Ya ve usted.

FISCAL BAR-OR. —¿Cuál es su impresión general sobre el interés que demostraba?

TESTIGO MEYER. —La impresión que puedo tener de cualquier funcionario que me dice: "Explíqueme esto, [para] que lo comprenda bien".

FISCAL BAR-OR. —Le agradezco.

PRESIDENTE LANDAU. —¿Doctor Servatius?...

DR. SERVATIUS. —No, no haré ninguna pregunta.

PRESIDENTE LANDAU. —Bien. Ha terminado su testimonio.

FISCAL BAR-OR. —Ahora, con el permiso de la Corte, voy a someter el documento 1137. En el párrafo 5 dice al respecto que el *Hauptsturmführer* (teniente coronel) Eichmann declara que asumió la dirección de la autoridad del Reich para la emigración de los judíos, y que está totalmente decidido a permitir que las oficinas de emigración de Berlín, Viena y Praga funcionen por separado...

PRESIDENTE LANDAU. —Señor Bar-Or, no cite demasiado.

FISCAL BAR-OR. —...permitir que funcionen por separado. Allí, Eichmann también informaba que repartiría su tiempo de la siguiente manera: pasaría dos semanas por mes en Berlín y las otras semanas en Viena, Praga y el Gobierno general en Polonia.

PRESIDENTE LANDAU. —¿Dónde está eso? ¿En 13?

FISCAL BAR-OR. —El párrafo 13.

PRESIDENTE LANDAU. —La referencia T/798.

FISCAL BAR-OR. —Gracias, señor presidente.

PRESIDENTE LANDAU. —Sí, señor Hausner.

FISCAL GENERAL HAUSNER. —Usted nos declaró que su

trabajo en Austria fue el que le dio las mayores satisfacciones y le hizo saborear las alegrías de la creación. ¿Es exacto?

EICHMANN. —Sí, es cierto.

FISCAL GENERAL HAUSNER. —Usted me confirma que, en la práctica, lo que hacía en Austria en esa época consistía en la expulsión forzada de los judíos.

EICHMANN. —Se trataba de una emigración controlada y metódica. Lamento que ese principio no haya podido ser mantenido durante la guerra y hasta su fin.

FISCAL GENERAL HAUSNER. —¿Es exacto que declaró usted, página 736, que se trataba de una "emigración forzada"?

EICHMANN. —La emigración forzada significaba la emigración acelerada, sí.

FISCAL GENERAL HAUSNER. —Y en el curso de tal emigración los judíos perdían sus bienes, ya que no podían llevar nada consigo. ¿Es realmente así?

EICHMANN. —Es exacto, pero no es culpa mía.

FISCAL GENERAL HAUSNER. —Sea como fuere, los judíos jamás recuperaron un céntimo. ¿No es cierto?

EICHMANN. —Es enojoso, pero no es culpa mía.

FISCAL GENERAL HAUSNER. —Para todo cuanto tiene que ver con la organización de la emigración forzada, ¿usted era considerado por sus superiores como un especialista confirmado?

EICHMANN. —Sí. La emigración es un campo extremadamente complejo, y hay que conocer el tema si se quieren obtener resultados, pues los judíos...

FISCAL GENERAL HAUSNER. —Bien, ya oí su respuesta. Y por eso lo apodaban el especialista (*Erfahrener Praktiker*).

EICHMANN. —Sí, había adquirido experiencia en la materia.

FISCAL GENERAL HAUSNER. —Bien, bien.

PRESIDENTE LANDAU. —Doctor Servatius, le ruego.

DR. SERVATIUS. —Nuestro próximo documento es el T/37 (296), documento de la acusación n° 1167. Este documento es un informe personal no fechado. Hace constar sus incumbencias en materia de administración autónoma y lo define como un especialista reconocido. ¿Cuáles eran esas cualidades que aquí recibieron un reconocimiento especial?

EICHMANN. —Sí, es cierto. Son las capacidades que poco a poco adquirí en este período, en el sector de la organización de la emigración, que es un sector muy complejo. Entonces yo conocía de memoria todos los reglamentos de los países de inmigración, las sumas de dinero que debían declararse, los diferentes detalles técnicos relativos a los pasaportes y a otros problemas. Por eso, en esa época, yo podía ser considerado como un especialista en la materia. Pero, en mi opinión, era una cualidad beneficiosa para ambas partes. Yo prestaba oídos a las quejas y a las demandas incesantes de ayuda y sostén hechas por los funcionarios judíos, que la legislación había excluido de la vida social y que se hallaban en muchos aprietos. Yo traté de ayudar a esos funcionarios judíos. Juntos pensábamos en soluciones.

FISCAL GENERAL HAUSNER. —Y naturalmente, ¿sólo para ayudar a esos representantes judíos hizo usted lo que hizo?

EICHMANN. —No, ya lo he dicho. Era beneficioso para cada una de las partes. Y constantemente me amoldé a los deseos de los mismos judíos de tener su propia tierra, un país propio bajo sus pies. Yo adherí totalmente a esa idea, sobre la cual basé mi cooperación, mi alegre cooperación para encontrar una solución a ese problema. Mi deseo y mi idea eran participar en la creación de un territorio donde los judíos pudieran vivir.

FISCAL GENERAL HAUSNER. —¡Sí, eso es!

EICHMANN. —Quiero insistir en esto. Me sentí muy decepcionado de que esta tentativa fracasara, también. Entonces me dije: "¿Para qué elaborar mis propios proyectos? Soy demasiado débil y sin poder. En adelante –transcurría la guerra– no haré más que lo que me ordenen que haga".

Yo llevaba el uniforme, nada podía contra eso. Traté de librarme de eso, como fue comprobado, pero tuve que obedecer. Por mi parte, reconocí espontáneamente mi impotencia para hacer aceptar mis proposiciones y mis ideas, porque fueron aplastadas por el poder superior.

FISCAL GENERAL HAUSNER. —¡Ah, pobre de usted! ¡Nada funcionaba como lo quería!

PRESIDENTE LANDAU. —¿Podemos detenernos ahora, señor fiscal?

FISCAL GENERAL HAUSNER. —Sí, Su Señoría.

PRESIDENTE LANDAU. —Bien. Eso es todo por hoy. La próxima sesión se realizará el lunes por la mañana a las ocho y treinta.

UJIER. —¡La Corte!

- FUNDIDO A NEGRO -

Lazli Gordon, un hombre de unos cuarenta años, declara en inglés.
Estrépito en el público.

PRESIDENTE LANDAU. —¡Silencio!

FISCAL GENERAL HAUSNER. —¿Se parecía entonces a lo que es hoy?

TESTIGO GORDON. —No. Parece mejor, incluso demasiado.

Risas en la sala.

FISCAL GENERAL HAUSNER. —No, no. Le hice una pregunta concreta, ¡responda por favor!

TESTIGO GORDON. —Lo siento mucho.

PRESIDENTE LANDAU. —¿Comprendió usted la pregunta?

TESTIGO GORDON. —Sí, señor.

Presidente Landau. —Entonces responda, por favor.

Testigo Gordon. —Sí, reconozco a este hombre.

Fiscal general Hausner. —¿Tenía la misma apariencia?

Testigo Gordon. —No. Llevaba uniforme y era unos quince o dieciséis años más joven, pero realmente es él.

Fiscal general Hausner. —¿Qué hacía usted ahí? Limítese a eso. Limítese a lo que usted mismo hizo.

Testigo Gordon. —Y bien, yo estaba con mi padre, que tenía cincuenta y ocho años, mi madre, que tenía cuarenta y tres, mi hermano de veintidós, yo mismo tenía veintiuno, mi hermana diecinueve, mis hermanos dieciséis y catorce años, mi hermana ocho años y el más joven, que tenía cinco. Tratábamos de permanecer agrupados y de caminar siguiendo la ruta, como nos lo habían pedido esos "buenos" SS.

Fiscal general Hausner. —¿Y cuáles son los miembros de su familia que sobrevivieron?

Testigo Gordon. —Yo soy el único.

Fiscal general Hausner. —¿Qué les hicieron?

Testigo Gordon. —Yo fui destinado a un grupo de alrededor de veinticinco o treinta jóvenes. Nos dijeron que empezáramos a cavar fosas. Entonces vimos que llegaban dos autos, de los que bajaron oficiales superiores SS. Eran seis o siete. Hablaron a nuestros comandantes y guardias. No oímos lo que decían, pero indicaban las fosas que habíamos cavado. Mientras tanto, llegaron algunos camiones alemanes. Llevaban la leyenda: *Für die Deutsche Winterhilfe* ("Para el Socorro de invierno alemán").

Fiscal general Hausner. —¿Era allí donde la gente era ejecutada?

Testigo Gordon. —Sí. Las zanjas que cavábamos podían contener alrededor de cinco mil cuerpos. Yo mismo vi entre mil y mil quinientos. Ordenaron a la gente que se quitara toda la ropa. Había que ponerlos en fila, completamente desnudos. Luego los hacían dirigirse hacia las fosas, en grupos de trescientas o cuatrocientas personas, no sé exactamente. Ahí, todos fueron ejecutados. La mayoría sólo estaban heridos y fueron enterrados vivos. Tras la fusilada, nos ordenaron cubrir los cuerpos de tierra. Algunos todavía pedían ayuda. Cubrieron los cuerpos de tierra y luego los camiones derramaron cal viva.

FISCAL GENERAL HAUSNER. —¿Quiénes eran las personas que fueron ejecutadas ahí?

TESTIGO GORDON. —Esencialmente hombres y mujeres en edad de trabajar.

FISCAL GENERAL HAUSNER. —No. No responde usted a mi pregunta. Responda la pregunta...

PRESIDENTE LANDAU. —Le pido que escuche atentamente las preguntas del fiscal antes de responderlas.

FISCAL GENERAL HAUSNER. —¿Tal vez podría formular la pregunta en inglés?

PRESIDENTE LANDAU. —Tal vez ayude.

El fiscal, en inglés.

FISCAL GENERAL HAUSNER. —Señor Gordon, ¿cuál era la nacionalidad de esa gente?

TESTIGO GORDON. —La mayoría eran húngaros.

FISCAL GENERAL HAUSNER. —¡No! ¿Eran judíos, cristianos?

TESTIGO GORDON. —¡Oh, judíos! Toda esa gente era judía, sin excepción. Los cristianos que intentaban ocultar a judíos eran colgados.

FISCAL GENERAL HAUSNER. —Ahora, dígame si los guardias SS o los SS que los vigilaban dijeron algo sobre la razón por la que hacían eso. ¿Usted los oyó hablar?

TESTIGO GORDON. —Sus reacciones eran muy variadas, de un extremo al otro. Algunos estaban casi histéricos, cercanos a la crisis de nervios. Algunos tomaban fotos, y los otros tiraban y mataban.

FISCAL GENERAL HAUSNER. —No, Señor Gordon, le pregunté si oyó usted lo que decían.

TESTIGO GORDON. —Uno de los SS dijo: *Wer wird für das alles bezahlen?* ("¿Quién pagará por todo esto?").

FISCAL GENERAL HAUSNER. —Entre los que estaban con usted en ese grupo, ¿cuántas personas sobrevivieron?

TESTIGO GORDON. — Yo... Que yo sepa, soy el único.

EICHMANN. —Yo no tenía nada que ver ni con las unidades especiales ni con los comandos en Polonia. No hacía ese tipo de cosas, no era mi misión. Pero en el marco de las nuevas consignas del comisario del Reich para el refuerzo del pueblo alemán, debía programar desde Berlín los planes de los transportes ordenados, de acuerdo con el Ministerio de Transportes del Reich. Ésa era mi misión. La política de la época era muy diferente de la del comienzo de la guerra, pero sólo lo comprobé más tarde. Yo tenía órdenes. Que la gente fuera ejecutada o no, había que obedecer las órdenes según el procedimiento administrativo. Por mi parte, yo sólo era responsable de una ínfima parte de las operaciones. Las otras tareas necesarias para la partida de un transporte eran asumidas por todo tipo de secciones.

FISCAL GENERAL HAUSNER. —Aquí dice que esa tarea le incumbía. ¿Fue ejecutada, finalmente? ¿Dice que no por usted?

EICHMANN. —Una operación de deportación se desarrolla en diferentes partes. No era una operación aislada, independiente. Varios organismos debían intervenir. En el marco de mis incumbencias, por supuesto que debía cumplir con mi tarea.

FISCAL GENERAL HAUSNER. —Y bien, ¡en eso estamos! Eso es lo que quería...

EICHMANN. —Pero yo...

El presidente del tribunal mira su reloj e interviene.

PRESIDENTE LANDAU. —Señor fiscal, por favor...

FISCAL GENERAL HAUSNER. —Sí, ya sé, señor presidente. Llegamos al punto candente del tema y no lo soltaré. Pero comprendí que era la hora de la pausa.

PRESIDENTE LANDAU. —En efecto, es la hora, pero si es muy importante....

FISCAL GENERAL HAUSNER. —Lo es, pero podría continuar esta tarde.

PRESIDENTE LANDAU. —Bien, entonces vamos a interrumpir ahora. La audiencia continuará más tarde, a las quince y treinta.

- FUNDIDO A NEGRO -

La sala, vacía de público, está sumida en la penumbra.
Un técnico instala un proyector frente a la jaula de vidrio.
La pantalla está situada frente al acusado, tras la barra que habitualmente ocupan los testigos.

UJIER. —¡La Corte!

PRESIDENTE LANDAU. —¿Sí, señor?

FISCAL GENERAL HAUSNER. —Con la venia de la Corte, vamos a proyectar los filmes que hemos observado ayer a la tarde. Ante cada secuencia anunciaré de qué se trata.

PRESIDENTE LANDAU. —Sí. Doctor Servatius, ¿tiene alguna observación sobre este tema?

DR. SERVATIUS. —Señor presidente, los contenidos ya fueron resumidos para mí, y no tengo ninguna objeción.

PRESIDENTE LANDAU. —Bien, comencemos. Luz, por favor.

Se apaga la última lámpara encendida en el tribunal.
Comienza la proyección.

FISCAL GENERAL HAUSNER. —El primer extracto muestra las operaciones de los *Einsatzgruppen* (unidades especiales) ejecutando a mujeres y hombres...

Algunas imágenes son muy parecidas a las que fueron mostradas en Nüremberg. Ya verán...

Soldados SS y mujeres SS...

Éste es el contenido de los depósitos de Auschwitz: dientes, dentaduras, efectos personales, anteojos.

Anteojos...

Cadáveres amontonados antes de ser destruidos...

La Corte verá los alambres de púas, los miradores y los cierres eléctricos.

Un muerto, electrocutado en los alambres electrificados.

Un suicidio.

El llamado en Mauthausen. Gente desnuda...

La proyección se detiene. Las luces se encienden. El silencio en la sala es casi total.

FISCAL GENERAL HAUSNER. —Lamento que haya sido necesario infligir a la Corte una prueba tan penosa. Ahora, la proyección ha concluido.

- FUNDIDO A NEGRO -

Teigman, un hombre de unos cuarenta años.
Tras la barra de los testigos se ha colgado un plano del campo de Maidanek.

TESTIGO TEIGMAN. —...El tren llegó por aquí.

El presidente al ujier del tribunal, que le da el micrófono para el acusado.

PRESIDENTE LANDAU. —Por favor, señor Shlomo. Póngase de este lado.

Con ayuda de un puntero, el testigo indica en el plano los lugares de los que habla.

TESTIGO TEIGMAN. —...Abrieron las puertas de los vagones y nos gritaron que saliéramos y lleváramos con nosotros el equipaje y todas nuestras cosas. Mucha gente fue ejecutada en ese andén, incluso en el interior de los vagones, los que se desvanecían o no iban lo suficientemente rápido. Todo el mundo fue reunido aquí y nos hicieron correr hasta allí, a toda velocidad. Y fue allí, un poco a la derecha, donde inmediatamente comenzó la selección.

FISCAL GENERAL HAUSNER. —Sí.

TESTIGO TEIGMAN. —Yo no quería que me separaran tan rápido de mi madre. Pero ahí, justo delante de la puerta de entrada, recibí un golpe en la cabeza. Un bastonazo, creo. Me caí y me volví a levantar enseguida, para no recibir más golpes. Pero mi madre ya no estaba a mi lado.

FISCAL GENERAL HAUSNER. —¿Volvió a ver a su madre?

TESTIGO TEIGMAN. —No, jamás.

FISCAL GENERAL HAUSNER. —Ya no volvió a verla. Gracias.

PRESIDENTE LANDAU. —Doctor Servatius, ¿tiene preguntas?

DR. SERVATIUS. —No, no haré preguntas.

PRESIDENTE LANDAU. —Gracias. Su declaración ha terminado.

PRESIDENTE LANDAU. —El acusado va a proseguir su testimonio en el marco del contrainterrogatorio. Recuerdo al acusado que sigue bajo juramento.

EICHMANN. —Sí, soy consciente.

PRESIDENTE LANDAU. —Por favor, Señor Hausner.

FISCAL GENERAL HAUSNER. —Me gustaría saber si la cooperación o la coordinación dependía de una oficina central, y en caso afirmativo, ¿cuál?

EICHMANN. —Cuando Himmler dio la orden de evacuación, todas las autoridades actuaron en el nivel local y, por propia iniciativa, deportaron hacia el gobierno general. Es totalmente evidente que eso provocó los peores sinsabores. Para ponerle remedio, el jefe de la policía de seguridad y del servicio de seguridad, Heydrich, intervino. Creó la división IVR, luego llamada IV/D4 de la oficina III3ES. Esta sección debía volver a poner las cosas en orden. Mi propia tarea consistía en controlar las cuestiones técnicas de transporte, para que se respetaran los plazos y las cuotas.

Por lo que respecta a las cuestiones de evacuación, las autoridades locales, desde el comienzo, se encargaban de facilitar el material rodante. Cosa que provocó una enorme confusión. Por esta razón me ordenaron ir a Berlín, para que esa nueva sección centralizara desde allí la gestión y organización de los transportes.

FISCAL GENERAL HAUSNER. —¿Cuáles eran las calificaciones –usted que estaba encargado de la emigración– que hicieron repentinamente de usted un responsable de las deportaciones? Después de todo, eran temas totalmente distintos de los que debía resolver en Viena y en Praga...

EICHMANN. —Sí, es totalmente cierto. Primero fue necesario que me familiarizara progresivamente con la materia. Supongo que la razón por la que fui destinado a Berlín era... que Heydrich y Müller consideraron que, en el sector de los transportes, yo tenía una larga experiencia. Y como ese asunto de la evacuación de las provincias del Este era en su base una cuestión técnica de transportes, me dieron la orden de ir a Berlín. Es mi única explicación.

FISCAL GENERAL HAUSNER. —Esos trenes hacia el Este de que usted habla estaban destinados al exterminio, ¿no es así?

EICHMANN. —No, ¡es falso!

FISCAL GENERAL HAUSNER. —¿No es cierto?

EICHMANN. —No, no lo es. "Al exterminio", eso no puedo juzgarlo, porque no se determinaba de antemano si iban al exterminio o no. La sección encargada de establecer los horarios de transporte no sabía nada de eso.

El público reacciona ruidosamente.

PRESIDENTE LANDAU. —¡No y no! Esto no lo permito, y no quiero volver a mencionarlo. Estoy dispuesto a prohibir la presencia del público en esta audiencia, si es preciso.

Continúe, se lo ruego.

FISCAL GENERAL HAUSNER. —Ahora, y como no hay objeción a la presentación del testimonio del señor Rajewski, voy a presentarlo a la Corte. Un instante, por favor, que lo encuentre...

PRESIDENTE LANDAU. —Por favor, señor Hausner. Es el documento T/1356... que fue presentado esta mañana... ¿T/1356?... Y bien, lo llamaremos T/1356a.

FISCAL GENERAL HAUSNER. —Rajewski declara que fue enviado a Auschwitz. Trabajó en el *Aufnahmestube* (oficina de registro-sección política), o sea, en el departamento político.

En la página 174 declara lo siguiente:

"Se había dado la orden de fabricar sellos de goma para sellar la fecha y los números en los documentos".

Presentaré ahora a la Corte la numeración adoptada. Las tarjetas mencionaban las siguientes inscripciones:

"RSHA IVB4*i*", seguido por la mención *Juden aus Frankreich, Belgien, Holland* ("judíos de Francia, Bélgica y Holanda").

IVB4*a* 2093/42 g/3913: *Juden aus Deutschland* ("judíos de Alemania").

IVB4*a* 2927/42 g/1148: *Juden aus Griechenland* ("judíos de Grecia").

IVB4a3013/42 g/1310: *Juden aus Kroatien, Juden aus dem Protektorat, Juden aus Theresienstadt, Juden aus Rumanien, Juden aus Ungarn, Juden aus Italien* ("judíos de Croacia, judíos del protectorado, judíos de Theresienstadt, judíos de Rumania, judíos de Hungría, judíos de Italia").

Luego IVB4*a* 2093/42 g/39: *Juden aus GG und Bialystok* ("judíos del Gobierno general y de Bialystok").

Por último IVB4*a* 3666/42 g/45: *Polen-Arien* ("polacos arios").

PRESIDENTE LANDAU. —Y bien, ¡la traducción no es muy clara! Ahora me dirijo al acusado. Yo creía que IVB4 sólo se ocupaba de los judíos. Pero IVB4 ¿también se ocupaba de los polacos, según el plan de distribución de las tareas?

EICHMANN. —Exacto, se ocupaba cuando había problemas técnicos de transporte como los horarios y ese tipo de cosas. Pero eso involucraba también a una cantidad limitada de grupos: estaban los gitanos, los polacos, los eslovenos y los judíos. Creo que no había otros.

FISCAL GENERAL HAUSNER. —¿Es consciente de que esos deportados debieron padecer sufrimientos terribles?

EICHMANN. —Soy consciente de que hasta que yo asumí la dirección de la sección, de hecho —y ya lo dije, y los informes dicen lo mismo, y hay documentos— reinaba una confusión y un desorden extremos. Según el informe, la gente a menudo permanecía ocho días encerrada en los vagones. Ésa es la razón por la cual este departamento fue creado en Berlín. Que yo sepa, ese tipo de cosas luego no volvió a ocurrir. Es posible que imperfecciones locales hayan acarreado ocasionalmente sinsabores. Pero nosotros hacíamos lo mejor que podíamos para detener y evitar estas cosas.

Una vez tomadas las disposiciones de deportación y establecido el destino, había que enviar un télex para determinar la capacidad de recepción. Entonces se fijaba la cantidad de deportados. En consecuencia, la hora y los horarios eran establecidos por la sección IVB4. Por otra parte, eso está en los documentos.

FISCAL GENERAL HAUSNER. —Por una vez, ¿es posible hablar sin la ayuda de los documentos, y apelar a su memoria? ¿Es imposible?

EICHMANN. —Pero yo querría explicarlo, porque....

FISCAL GENERAL HAUSNER. —Sin explicaciones.

El presidente del tribunal se dirige al acusado.

PRESIDENTE LANDAU. —Escúcheme, usted sigue sin comprender la razón de ser de este interrogatorio. Usted debe responder a las preguntas, sin argumentación, a menos que sea indispensable para comprender la respuesta.

EICHMANN. —Yo solamente pensaba... era para evitar un malentendido que quería dar explicaciones. Pero si no está autorizado, entonces de acuerdo.

PRESIDENTE LANDAU. —No creo que se preste a malentendidos, pero se lo ruego, adelante. Prosiga.

- FUNDIDO A NEGRO -

VOZ EN OFF. —...un caos...

EICHMANN. —...Un caos en los horarios, desde el punto de vista técnico. Las negociaciones con la dirección de los Ferrocarriles y con el Ministerio de Transportes del Reich habían fracasado. Los servicios no colaboraban entre sí. Los jefes de distrito impartían órdenes por sí mismos. Los más altos dirigentes de las SS y de la policía transmitían las órdenes que su jefe Himmler había dado. En resumen, cada uno actuaba a su antojo. Y esto a costa de los evacuados, polacos o judíos.

DR. SERVATIUS. —Testigo, las instrucciones relativas a los contingentes en los transportes estipulan que el transporte debía hacerse en tren. Aunque un tren no pueda recibir más que setecientas personas, había que amontonar a mil judíos. ¿No se trata de una complicación inútil, de la que usted era responsable?

EICHMANN. —No. Es un asunto sobre el cual la Oficina central de seguridad del Reich, o más precisamente la sección IVB4, en ningún caso podía decidir. Pero, que yo recuerde, la cifra de setecientos era una cifra totalmente habitual en esa época, teniendo en cuenta la cantidad estándar de vagones, que desdichadamente aquí no es aclarada, porque, de ser así, sería fácil hacer el cálculo. Esa cifra se refería a los transportes militares. En un transporte militar, cada soldado debía transportar su equipaje consigo. Pero, en el caso presente, los equipajes viajaban en vagones de mercancías de apoyo que eran enganchados a los trenes...

El público reacciona ruidosamente.

PRESIDENTE LANDAU. —¡Silencio! Eso no está permitido. Piensen lo que quieran, pero guárdenlo para ustedes.

EICHMANN. —...de tal modo que los que debían partir no conservaban sus equipajes consigo, porque eran puestos en los vagones de mercancías añadidos. La capacidad de los vagones, pues, fue llevada, de acuerdo con un cálculo del Ministerio de Transportes del Reich, de setecientos a mil.

El público reacciona ruidosamente.

PRESIDENTE LANDAU. —¡Silencio! Les prohíbo toda manifestación de sus sentimientos.

FISCAL GENERAL HAUSNER. —El número de deportados figuraba en un gráfico colgado de la pared de su oficina, ¿no es cierto?

EICHMANN. —Sí, es exacto.

FISCAL GENERAL HAUSNER. —Y por lo tanto, ¿sus servicios sabían con exactitud cuántas personas eran deportadas y hacia dónde?

EICHMANN. —Sí, lo sabían, debían saberlo. Incluso yo debía hacer informes mensuales sobre el tema.

FISCAL GENERAL HAUSNER. —La Corte querría que usted identificara sobre el mapa los territorios anexados al Reich, a medida que se producían las invasiones. ¿Está dispuesto a hacerlo?

EICHMANN. —No me acuerdo de todo eso en detalle. Hace mucho que lo he olvidado. Sólo sé que yo tengo... No veo el mapa desde aquí. ¿Me autoriza a acercarme un poco?

PRESIDENTE LANDAU. —Sí.

Eichmann sale de su jaula y se dirige hacia un mapa de Europa colgado de la pared. Vacilante, pasea un puntero sobre el mapa.

EICHMANN. —Según lo que puedo ver sobre el mapa, los territorios del Este recientemente incorporados son los siguientes: aquí tenemos la frontera del antiguo Reich. Esta parte fue incorporada. Luego esa parte. Que yo sepa, esos territorios fueron vinculados y la nacionalización se impuso por decreto.

El fiscal se une a Eichmann, le toma el puntero de las manos e indica otro punto sobre el mapa.

FISCAL GENERAL HAUSNER. —Aquí está la frontera.

- FUNDIDO A NEGRO -

Varias claquetas de rodaje aparecen en la pantalla. La última indica la fecha del 14 de julio de 1961.

VOZ EN OFF. —Suicidio...

Georges Wellers, un hombre de unos sesenta años, declara en francés.

FISCAL BACH. —Señor Wellers, ¿había muchos suicidios en el campo Drancy?

TESTIGO WELLERS. —Había períodos en los que había muchos suicidios, entre otros en el verano de 1942. Creo que, probablemente en dos meses, dos meses y medio, hubo por lo menos un centenar de suicidios. Esos suicidios eran bastante mal considerados en el campo. Los que intentaban suicidarse sin éxito eran luego muy criticados por sus camaradas. Porque se pensaba que el que quería suicidarse debía hacerlo tras la partida del campo y no antes, porque quien lo hacía era reemplazado por otro para llegar a los mil que formaban el tren.

FISCAL BACH. —Ahora, honorable Corte, llamo vuestra atención sobre un pasaje del documento 976. Se refiere a la deportación de los judíos hacia Auschwitz; en particular, la de los niños judíos. "Solicito saber con urgencia si la deportación de los niños debe ser organizada y de qué manera." Hay una anotación manuscrita al final...

PRESIDENTE LANDAU. —¿La mención R.F. significa "República francesa" o *"Reichsführer"?*

FISCAL BACH. —Es *Reichsführer.* ¿Dónde?

PRESIDENTE LANDAU. —Arriba de la página.

FISCAL BACH. —R.F. es *Reichsführer*, es *Reichsführer* SS.

PRESIDENTE LANDAU. —Será el documento T/405.

FISCAL BACH. —La cuestión de los transportes de niños fue sometida al teniente coronel *(Obersturmbannführer)* Eichmann. Él decidió que, ni bien fuera posible continuar con los trenes en dirección al Gobierno general *(General Gouvernement),* los transportes de niños podrán rodar *(Kindertransporte konnen rollen).*

FISCAL BACH. —Señor Wellers, ¿puede describir a la Corte qué aspecto tenían esos niños al llegar al campo?.

TESTIGO WELLERS. —Y bien, llegaban al campo en autobuses, tal como se traía a la gente a los campos. Autobuses vigilados por gendarmes de Vichy, con inspectores de policía de Vichy. Los autobuses entraban al campo. En medio del patio había un sitio que estaba separado por alambre de púas. Entonces los autobuses entraban en ese sitio.

El testigo se siente invadido por la emoción. Le cuesta proseguir.

TESTIGO WELLERS. —Y, a toda velocidad, se ordenaba a esos niños que se bajaran, porque los autobuses se sucedían a un ritmo rápido, y había que dejar lugar a los que estaban detrás. Entonces esos desdichados niños estaban completamente desorientados, desquiciados.

Muy emocionado, el testigo se recupera.

TESTIGO WELLERS. —Se bajaban de los autobuses en silencio. Eran divididos en grupos que correspondían más o menos a cada autobús. A veces había cincuenta, sesenta, ochenta niños. Los mayores tomaban a los más pequeños de las manos. No era posible aproximarse a esos niños, salvo alguno de nosotros que tenía una autorización particular, entre ellos yo mismo, y se los conducía a los cuartos, donde no había ningún mueble, sólo unos jergones por el suelo, jergones sucios, repugnantes y llenos de chinches.

FISCAL BACH. —¿Esos niños dejaban fácilmente el campo?

TESTIGO WELLERS. —No, en general también era una operación espantosa. Se los despertaba por la mañana, a las cinco de la mañana. Era imposible hacerlos salir al patio del campo. Entonces eran los gendarmes los que subían a los cuartos y tomaban en sus brazos a los niños que se debatían y aullaban, y los sacaban al patio.

FISCAL BACH. —Una pregunta más, señor Wellers. Cuando usted llegó en 1944 a Auschwitz, ¿vio a alguno de esos niños todavía vivo?

TESTIGO WELLERS. —Oh, no, por supuesto que no.

EICHMANN. —La policía francesa también había detenido niños. París me preguntó qué haría con esos niños. Yo comuniqué lo que aquí figura: "A partir de la reanudación de los trenes hacia el gobierno general, los transportes de niños podrán rodar". El hecho de que hayan sido necesarios once días para tomar una decisión sobre ese legajo prueba que, por lo que a mí respecta, tuve que someter la cuestión, por los canales apropiados, a mis superiores jerárquicos. Yo no estaba habilitado para tomar la decisión por mi cuenta. Once días más tarde, cuando recibí la decisión de mis superiores, llamé a París, de acuerdo con mis órdenes, y transmití la decisión. Son los documentos franceses los que prueban y muestran mi papel de agente de transmisión. Cosa que es rara en los documentos de los otros países, pero éstos fueron perfectamente conservados.

PRESIDENTE LANDAU. —Es la segunda vez que oímos que si un problema llevaba mucho tiempo prueba que usted no se ocupaba personalmente. ¿Quiere decir que usted era más eficiente que otros colegas de su servicio?

EICHMANN. —No, Su Señoría, no es lo que yo quiero decir. Pero si llevaba tanto tiempo, eso para mí es la prueba de que las jurisdicciones estaban mal definidas y que primero había que entablar negociaciones con el jefe de servicio. Porque yo no podía tratar el caso. No estaba habilitado para eso. Y se necesitaba tiempo para esclarecer las cosas. Pero si las jurisdicciones hubiesen estado definidas desde el comienzo, se habría podido actuar según un procedimiento normal del servicio.

Eichmann, de pie, presenta un organigrama a la Corte.

EICHMANN. —Hice un cuadro: si me permite, aquí baja hasta Müller. Baja hacia el círculo, y luego la flecha punteada, por ejemplo, va al alto mando de la policía de seguridad. Aquí hay una flecha, que viene directamente de Müller.

- FUNDIDO A NEGRO -

UJIER. —¡La Corte!

Los jueces entran y se instalan.

PRESIDENTE LANDAU. —Declaro abierta la septuagésima primera audiencia del proceso.

El juez Raveh interroga a Eichmann.

JUEZ RAVEH. —Ahora, Wannsee, la conferencia de Wannsee. Un pasaje del testimonio dice: "En conclusión, fueron evocados los diferentes tipos de soluciones posibles". ¿Se acuerda de esto? ¿Quiere verlo?
EICHMANN. —Me acuerdo que está escrito.
JUEZ RAVEH. —Bien, ¿entonces tal vez se acuerde de lo que se dijo?
EICHMANN. —Se discutió acerca de las diferentes maneras de matar.
JUEZ RAVEH. —¿De las diferentes posibilidades de matar?
EICHMANN. —Sí.
JUEZ RAVEH. —Ahora, explíqueme por qué, luego de la conferencia, fueron precisamente esos tres hombres: Heydrich, Müller y Eichmann los que se quedaron para celebrarlo.
EICHMANN. —¿Para celebrarlo?

JUEZ RAVEH. —Heydrich y Müller, lo comprendo. Pero Eichmann, ¿por qué también Eichmann?

EICHMANN. —Yo debía redactar el informe. Nos quedamos los tres solos. Heydrich aclaró cómo quería que se redactara el informe. Luego de haber hecho la lista de esos puntos, el tema ya no volvió a tratarse. En vez de eso, me invitaron a tomar un vaso de cognac, o dos o tres. Así fue como ocurrió.

PRESIDENTE LANDAU. —Usted respondió a mi colega, el juez Raveh, que en la parte no redactada del testimonio se plantearon los métodos de matanza.

EICHMANN. —Sí.

PRESIDENTE LANDAU. —¿Quién encaró ese tema?

EICHMANN. —Ya no recuerdo los detalles, señor presidente. Pero sé que esos señores estaban sentados juntos, y que discutieron sobre la cuestión con palabras muy crudas, no con las que me pidieron que escriba. Ellos nombraban la cosa en términos muy crudos... sin expresarse por perífrasis. Por supuesto que no me acordaría de eso, si en ese momento no me hubiera dicho: "¡Vaya, vaya! Ese Stuckart, siempre tan estricto con respecto a la ley". Y en ese momento tenía un tono y un vocabulario muy ajenos al lenguaje jurídico.

PRESIDENTE LANDAU. —¿Qué dijo al respecto?

EICHMANN. —En los detalles, Su Señoría, me olvidé...

PRESIDENTE LANDAU. —¡No en los detalles, en general!

EICHMANN. —Se habló de ejecución, de eliminación y de exterminio. Yo, de hecho, debía preparar la redacción del testimonio, no podía quedarme allí escuchando, pero algunas palabras me llegaron. La habitación no era tan grande y podía captar algunas palabras del montón.

PRESIDENTE LANDAU. —Y lo que se dijo sobre ese tema tan importante, usted no tiene ningún recuerdo, ¿eso es lo que dice?

EICHMANN. —Señor presidente, ése no es el punto más importante. El punto esencial en el informe...

PRESIDENTE LANDAU. —Entonces, ¿eso quiere decir que los métodos de matanza son un tema sin importancia?

EICHMANN. —Ah, ¿los métodos de matanza?

PRESIDENTE LANDAU. —¡Pero de eso estamos hablando! ¿Se habló de matar con gas?

EICHMANN. —No, no con gas.

FISCAL GENERAL HAUSNER. —Solicitamos a la Corte que escuche algunos pasajes sobre los que queremos llamar su atención. Estas grabaciones van a ser escuchadas como están.

Un policía, sentado junto al fiscal, enciende un grabador. La voz de Eichmann resuena en el tribunal:

"Me acuerdo que después tomaron la palabra algunas personas presentes. Era la primera vez en mi vida que tomaba parte en tal conferencia, en la que participaban también altos funcionarios como secretarios de Estado. Esto ocurrió de manera muy tranquila, muy cortés, muy disciplinada y agradable. No se habló mucho y no duró mucho tiempo. Los mozos trajeron cognac, y el asunto quedó concluido".

Los brazos arremangados del técnico que hace funcionar el grabador dejan ver un tatuaje de deportado.

"...Me sentí satisfecho al analizar mi situación con respecto a las consecuencias de la conferencia de Wannsee. En ese momento experimenté un poco de la satisfacción de Poncio Pilatos, porque me sentí virgen de toda culpabilidad. Las personalidades eminentes del Reich se habían expresado en la conferencia de Wannsee. Los 'mandamases' habían dado sus órdenes. No me quedaba más que obedecer. Eso es lo que conservé en el espíritu todos los años siguientes. Y..."

El presidente del tribunal hace una señal al técnico, que detiene el grabador.

PRESIDENTE LANDAU. —Muchas gracias.

JUEZ RAVEH. —Pero yo siempre creí que, para Poncio Pilatos, lavarse las manos era una actitud introspectiva.
EICHMANN. —Es precisamente lo que quería decir, señor juez. Me dije que había hecho todo cuanto podía. Era un instrumento entre las manos de fuerzas superiores. Yo –y permítame que lo diga vulgarmente– debía lavarme las manos en total inocencia, por lo que concernía a mi yo íntimo. Así es como lo interpretaba. Por lo que a mí respecta, no se trata tanto de factores exteriores como de mi propia búsqueda interior.
JUEZ RAVEH. —Entonces, cuando usted se lavó las manos en 1942, ¿era una forma de... de reserva mental?
EICHMANN. —¿En 1942?
JUEZ RAVEH. —Sí, Wannsee, la conferencia de Wannsee.

Asombro del acusado.

EICHMANN. —¡Ah, la conferencia de Wannsee!
JUEZ RAVEH. —¿Era una forma de reserva mental?

El acusado permanece silencioso y parece no comprender la pregunta.

- FUNDIDO A NEGRO -

Declara Joseph Melkman, un hombre de unos cincuenta años.

FISCAL BACH. —Señor Melkman, ¿usted nació en Holanda?

TESTIGO MELKMAN. —Sí.

FISCAL BACH. —Fuera del hecho de que sufrió usted personalmente lo que les ocurrió a los judíos holandeses durante la guerra, también llevó a cabo investigaciones al respecto.

TESTIGO MELKMAN. —Sí, en particular en el Memorial de Yad Vashem, del que fui director, pero había comenzado antes...

FISCAL BACH. —¿Cuándo dirigió usted el Memorial de Yad Vashem?

TESTIGO MELKMAN. —Desde 1957 hasta 1960.

FISCAL BACH. —¿Conoció al señor Edelstein?

TESTIGO MELKMAN. —Sí.

FISCAL BACH. —¿De dónde venía y cuál fue su papel exacto con relación al Consejo Judío?

TESTIGO MELKMAN. —Edelstein también llegó de Praga en marzo. Su misión consistía en enseñar a los judíos cómo crear un *Judenrat* (consejo judío) y cómo había que colaborar con los alemanes. Tuvimos una reunión...

FISCAL BACH. —¿Colaborar en qué sentido? Explíquenos.

TESTIGO MELKMAN. —Qué tipo de relación había que tener con los alemanes. Ya que, aparentemente, los judíos holandeses no sabían cómo hacerlo. Yo participé como él en una reunión de los dirigentes de la Federación sionista, en casa del presidente de la federación, que más tarde murió en Bergen-Belsen. Quisiera aclarar que Edelstein me dio la impresión de ser un judío honesto y sacrificado, un judío muy leal.

JUEZ HALEVI. —¿Quién lo había enviado a Holanda?

TESTIGO MELKMAN. —Las autoridades alemanas. De otro modo jamás hubiera podido venir.

FISCAL BACH. —¿Quiere describir ahora a la Corte cómo se organizaban las deportaciones hacia el Este? ¿Cómo se los informaba? ¿Cómo se seleccionaba a la gente?

Testigo Melkman. —El comandante informaba a la dirección judía del campo de Westerbork que al día siguiente debía ser despachada cierta cantidad de gente. Se necesitaban mil, dos mil o tres mil. La dirección judía debía suministrar una lista de nombres, los nombres de la gente que debía partir. Se necesitaba un poco más que cada cuota, ya que siempre era posible que algunos de ellos murieran en camino, y era siempre necesario que al llegar a Auschwitz hubiera la cantidad exacta. Entonces, si hacían falta mil, se enviaba veinte más.

Entre la gente que figuraba en las listas, a veces algunos tenían documentos que supuestamente los protegían de la deportación. Pero si el material humano era insuficiente, entonces se anulaba esa protección.

Presidente Landau. —¿Sabían entonces que esa gente iba a la muerte?

Testigo Melkman. —No sabíamos que iban a una muerte segura. Pero puedo decirle algo: a comienzos del 43 tuve entre manos un informe oficial destinado al *Judenrat*, el Consejo Judío. Ese documento decía que aparentemente había muchos menos judíos que antes en Polonia. Sin embargo, nosotros ya sabíamos que muchos judíos habían sido enviados a Polonia.

Fiscal Bach. —Señor Melkman, ¿cuándo partía esa gente anotada en las listas?

Testigo Melkman. —Al día siguiente por la mañana todos debían ir a la calle principal, donde esperaba el tren. Tenían que subir y, en general, el tren partía alrededor de las once de la mañana.

Fiscal Bach. —Muchas gracias.

Presidente Landau. —¿Doctor Servatius?...

Dr. Servatius. —No haré preguntas al testigo.

Estrépito en la sala.

PRESIDENTE LANDAU. —Solicito silencio en la sala. Los que deseen irse que lo hagan rápidamente, por favor.

FISCAL GENERAL HAUSNER. —Llamo al testigo Gedalia Ben-Zvi.

UJIER. —¡Gedalia Ben-Zvi!

El testigo es un hombre de unos cincuenta años.

PRESIDENTE LANDAU. —Colóquese el gorro.

El testigo se pone un gorro, que se quita tras haber prestado juramento.

TESTIGO BEN-ZVI. —Juro ante Dios que mi testimonio en este proceso será la verdad, toda la verdad y nada más que la verdad.

PRESIDENTE LANDAU. —¿Cuál es su nombre completo?

TESTIGO BEN-ZVI. —Ben-Zvi Gedalia.

FISCAL GENERAL HAUSNER. —Descríbanos cómo llegó a Auschwitz.

TESTIGO BEN-ZVI. —Tras un largo viaje de varios días –no sé exactamente cuántos– en vagones de carga, alrededor de cuarenta personas por vagón, llegamos a Birkenau, no a Auschwitz sino a la estación ferroviaria de Birkenau, que luego tuve todo el tiempo de conocer.

FISCAL GENERAL HAUSNER. —Su matrícula es más bien baja, ¿cuál es?

TESTIGO BEN-ZVI. —La 37.017. Me olvidé de aclarar que en Birkenau, en la época de mi llegada, se recibía un número que se tatuaba sobre el pecho. Sólo más tarde se empezó a tatuar en el brazo.

FISCAL GENERAL HAUSNER. —¿Cuál era su trabajo en Auschwitz?

TESTIGO BEN-ZVI. —En esa época me encargaba de varias tareas. Debía ir de noche a recibir a la gente que llegaba a Birkenau. Yo estaba junto a la vía cuando llegaban con el tren. Siempre había un vehículo con la insignia de la Cruz Roja que esperaba en ese lugar, listo para eventuales incidentes. Si alguien trataba de resistir, se ponía loco, violento o tenía una crisis cualquiera, para tranquilizar las cosas y mantener el orden iba a ese camión, donde lo calmaban.

FISCAL GENERAL HAUSNER. —¿A un camión de la Cruz Roja?

TESTIGO BEN-ZVI. —Sí, ese vehículo de la Cruz Roja acompañaba cada transporte. Era en ese mismo camión donde se cargaban los bidones de Zyclon B para entregar en las cámaras de gas. Me gustaría agregar...

FISCAL GENERAL HAUSNER. —¿La Cruz Roja alemana?

TESTIGO BEN-ZVI. —Sí, la Cruz Roja alemana.

FISCAL GENERAL HAUSNER. —Sí. Señor Ben-Zvi, ¿recuerda usted un incidente relacionado con el tren proveniente de Bendzin?

TESTIGO BEN-ZVI. —Sí.

FISCAL GENERAL HAUSNER. —Cuéntenoslo, por favor.

TESTIGO BEN-ZVI. —Generalmente, la gente llegaba con sus efectos personales. Pero la gente de ese tren llegó sin nada. Estaban amontonados, alrededor de ciento cincuenta personas en cada vagón de carga. Cuando los SS abrieron las puertas, la gente literalmente se derramó sobre el piso, porque estaban en un montón. Únicamente los cuerpos de los que habían sido pisoteados o sofocados en esos vagones quedaban en el interior, muertos o medio muertos. Todavía estaban calientes. De ellos se desprendía un calor sofocante. ¿Cómo diría?... Se escapaba vapor de los cuerpos.

FISCAL GENERAL HAUSNER. —Sí. Le ruego que continúe.

TESTIGO BEN-ZVI. —Nosotros esperamos abajo, al costado, hasta que dieran la orden. "¡Suban a los vagones, sucios judíos!" Entonces, bajo los gritos y los golpes, subimos a los vagones para separar los cuerpos. El trabajo no fue fácil, porque estaban enganchados unos a otros, estaban completamente enmarañados. A veces se tiraba de un brazo o una pierna y la piel se desgarraba debido al calor. El trabajo era duro. Se necesitaban varias horas para vaciar un solo vagón. En cada uno trabajaban grupos de tres o cuatro hombres.

FISCAL GENERAL HAUSNER. —Gracias. He terminado.

PRESIDENTE LANDAU. —Doctor Servatius, ¿tiene preguntas?

DR. SERVATIUS. —No, no haré preguntas al testigo.

JUEZ HALEVI. —Gracias.

FISCAL GENERAL HAUSNER. —Llamo al testigo Avraham Aviel.

Los testigos, hombres y mujeres, se suceden. Se expresan en alemán, polaco, serbocroata, iddish, hebreo...

UJIER. —¡Avraham Aviel!

PRESIDENTE LANDAU. —...Levante, por favor, señora... Levante la mano derecha...

...¡No, no, se lo ruego!...

...y su mano derecha sobre la Biblia y diga...

TESTIGO WELLS. —...Juro por Dios todopoderoso...

PRESIDENTE LANDAU. —...que mi testimonio en este proceso...

TESTIGO KUPER. —...que mi testimonio...

PRESIDENTE LANDAU. —...será la verdad...

TESTIGO GRUBER. — ...toda la verdad...

INTÉRPRETE *(voz en off)*. —...que mi testimonio en este proceso...

TESTIGO HENSCHEL. —...que mi testimonio en este proceso...

TESTIGO MUSMANNO. —...Juro decir la verdad, toda la verdad, nada más que la verdad. Con la ayuda de Dios.

PRESIDENTE LANDAU. —¿Cuál es su nombre?

TESTIGO. —Werner David Melchior.

FISCAL BACH. —...¿Llegó a Noruega con su marido, el difunto rabino Samuel?

PRESIDENTE LANDAU. —¿En qué año nació usted?

TESTIGO HOCH. —En 1928.

TESTIGO ABELES. —...algunos meses antes del comienzo de las deportaciones...

TESTIGO BEILIN. —...transportes del RSHA — Bialistok...

TESTIGO COHEN. —...y esos transportes causaron mucho perjuicio a la emigración regular...

TESTIGO BRAND. —...transportes y transportes...

TESTIGO ARNON. —..."Z", zidow, judío...

TESTIGO NEDANA. —...No sé por qué. No les había hecho ningún daño. No les debía nada. Sin embargo fui golpeado, hasta sangrar...

El testigo examina una foto que le muestra el fiscal.

TESTIGO NEDANA. —...Soy yo.

FISCAL BAR-OR. —Es usted...

TESTIGO ZIMET. —...que estaba dirigido por Eichmann...

TESTIGO SALZBERGER. —...SS y, entre ellos, el acusado...

TESTIGO FLEISCHMANN. —...la sangre que había corrido de su cabeza y su pecho ya estaba coagulada...

TESTIGO WELLS. —...una mujer llegó con su hijo. Al desvestirse escupió a la cara al policía. Ellos agarraron al niño por los pies y le rompieron el cráneo contra un árbol. Arrojaron al niño al fuego y colgaron a la madre por los pies. Al verlo, las otras mujeres se dijeron: "¿Para qué?" Y esto ocurrió más de una vez...

TESTIGO KAGAN. — ...¡Se murió! "¡Está loca! Ella es *SB*" ("tratamiento especial")...

TESTIGO BRAND. —"...¡ustedes saben quién soy! ¡Yo mando!..."

Testigo Musmanno. —...me dijo que Eichmann influía en Hitler...

Testigo Brand. —"...¡camiones contra sangre! ¡Sangre contra camiones!..."

Testigo Beiski. —...sin embargo... Poner en peligro a quince mil personas...

Testigo Podchlewnik. —...una cabeza, un pie...

Testigo Bushminski. —...¿qué podíamos hacer? Ellos...

Testigo Pekhter. —...golpeaban y golpeaban sin descanso...

Testigo Baron. —...los papas, por ejemplo, durante siglos, en sus concilios...

Testigo Hanbacher. —...algunos no tenían derecho a salir de sus casas...

Testigo Freiberg. —...me molió a golpes, yo solté el cadáver. Lo transporté una vez más. Arrastré ese cuerpo... ese hombre... hasta la carreta...

Testigo Rosenberg. —...lo llenaban al máximo, tal cantidad de gente que apenas lograban cerrar la puerta...

Testigo Bakon. —...cuando terminábamos temprano y afuera helaba, el capo tenía piedad de nosotros y nos decía: "Chicos, afuera hace frío, vayan a calentarse a las cámaras de gas. Ya no hay nadie"...

El testigo, perturbado, no puede seguir.

Testigo Oppenheimer. —...era... Discúlpeme...

Fiscal general Hausner. —No, no. Ya va a pasar, está todo bien. Tome un poco de agua.

¿Por qué no resistieron? ¿Por qué subían al tren?

¿Lograron olvidar lo que padecieron?

Testigo Srebnik. —No. De noche no puedo dormir. No lo logro. Me siguen persiguiendo.

Ujier. —¡Abba Kovner!

TESTIGO KOVNER. —Una pregunta planea aquí, en este tribunal: ¿por qué no se rebelaron? Yo, como judío combatiente, me rebelo con todas mis fuerzas contra esta pregunta, si sobreentiende la menor acusación.

PRESIDENTE LANDAU. —Muchas gracias.

Señor Hausner, acabamos de oír cosas perturbadoras, dichas en la lengua del poeta. Pero debo aclararle que en una gran parte de este testimonio nos alejamos del objeto de este proceso. Lamento tener que decirlo, como conclusión de tal testimonio.

FISCAL GENERAL HAUSNER. —No, es una pena...

PRESIDENTE LANDAU. —La Corte tiene cierta concepción de lo que debe ser este proceso. La fiscalía, pues, debe guiar su actitud en función de lo que dice la Corte.

FISCAL GENERAL HAUSNER. —Es realmente lo que hacemos, señor presidente.

PRESIDENTE LANDAU. —Me veo obligado a comprobar que las cosas no están tan ancladas en los espíritus como deberían estarlo.

FISCAL GENERAL HAUSNER. —Tal vez sea así porque no tiene usted todavía todos los elementos.

PRESIDENTE LANDAU. —Hemos oído su discurso de apertura que, a mi juicio, traza las grandes líneas de lo que usted piensa exponer a la Corte...

- FUNDIDO A NEGRO -

FISCAL GENERAL HAUSNER. —Esos judíos ¿eran enviados a los campos de exterminio? ¿Sí o no?

EICHMANN. —No lo niego, y nunca lo he negado. Yo tenía órdenes y debía ejecutarlas de acuerdo con mi juramento de obediencia. Por desgracia, no podía sustraerme. Y por otra parte nunca lo intenté. Pero no era ni mi iniciativa ni mi voluntad, como fue mostrado por mis primeras tentativas.

FISCAL GENERAL HAUSNER. —Aquí tenemos el informe de una reunión en cuyo transcurso se decide a qué ritmo circularán los trenes. Por ejemplo, de Varsovia a Treblinka, de Radom a Treblinka, de Cracovia a Belzec, y que fija en dos por día los trenes de Varsovia a Treblinka, uno de Radom a Treblinka; uno de Radom a Sobibor; uno de la estación del Norte de Lublin a Belzec; uno de la estación central de Lublin a Sobibor; y así de seguido... ¿Sabía que en esos trenes –en el mismo transcurso del viaje– a veces morían decenas y centenares de personas?...

EICHMANN. —No lo sabía. Las escoltas de acompañamiento no dependían de mí sino de la policía del Orden. Pero lo he oído decir y he leído cosas al respecto.

FISCAL GENERAL HAUSNER. —Pero no hizo nada para impedirlo.

EICHMANN. —Si hubiera tenido el poder y la posibilidad, ni siquiera hubiera empezado, hubiera trabajado de acuerdo con mis ideas y mi voluntad.

JUEZ HALEVI. —¿No podía hacer nada para impedir esas muertes en los trenes?

EICHMANN. —Señor juez, yo no acompañaba los transportes. Las órdenes impartidas a la policía del Orden realmente les fueron transmitidas, pero la que debía ejecutarlas era ella. Después de todo, yo, desde Berlín, no podía saber qué tipo de cosas ocurrían en la ruta entre X... e Y...

JUEZ HALEVI. —Ahora, por favor, mire al final de la primera página de este documento... "La misión de esta sección".

EICHMANN. —Sí.

JUEZ HALEVI. —Aquí se definen cuatro misiones. Recuento de las personas...

EICHMANN. —de un grupo...

JUEZ HALEVI. —Concentración...

EICHMANN. —Sí.

JUEZ HALEVI. —Deportación...

EICHMANN. —Sí.

JUEZ HALEVI. —Confiscación de los bienes... Concentración, confiscación...

EICHMANN. —Sí... sí.

JUEZ HALEVI. —¿Esas cuatro tareas no eran precisamente su misión?

EICHMANN. —Sí, es exacto. El jefe de seguridad daba sus instrucciones por intermedio del jefe de departamento, cuando era necesario. Y el jefe del departamento IV me ordenaba actuar de tal o cual manera.

FISCAL GENERAL HAUSNER. —En otras palabras, usted era completamente pasivo, ¿no es cierto?

EICHMANN. — Pasivo no, realmente. Yo hacía lo que acabo de describir, obedecí y ejecuté lo que habían ordenado que hiciera.

FISCAL GENERAL HAUSNER. —¡Pero la orden ya había sido dada!

EICHMANN. —Si ése hubiera sido el caso, luego de la conferencia de Wannsee, Heydrich sólo hubiera debido decirme: "Bueno, Eichmann, todo está arreglado y aprobado, ahora arrégleselas, haga lo que quiera, ¡y volando!" Pero las cosas no ocurrieron de ese modo: Himmler siguió dando órdenes, de manera incesante, y las centenares de oficinas que estaban involucradas, de cerca o de lejos, debían hacer su parte del trabajo. Y yo, desdichado de mí, estaba metido en todo eso. El resultado de todas esas medidas era que yo debía seguir las órdenes. Nunca lo negué ni lo niego.

FISCAL GENERAL HAUSNER. —Usted dice que no era un ejecutante normal, que tenía su parte en la reflexión sobre estas cuestiones. ¿Es cierto? ¿Lo dijo usted?

EICHMANN. —No, no lo creo.

FISCAL GENERAL HAUSNER. —¿No participaba usted en eso?

EICHMANN. —¿Cómo dice?

FISCAL GENERAL HAUSNER. —¿Usted no participaba en eso? ¿Era un imbécil? ¿No participaba en la reflexión?

EICHMANN. —¿Participar?

FISCAL GENERAL HAUSNER. —¡Sí!

EICHMANN. —¡Por supuesto que participaba!

FISCAL GENERAL HAUSNER. —¿No era un idiota?

EICHMANN. —No.

FISCAL GENERAL HAUSNER. —Ya ve. Entonces ¿era un idealista?

EICHMANN. —Sí, era un idealista.

FISCAL GENERAL HAUSNER. —Por lo tanto, lo que está escrito aquí es correcto.

EICHMANN. —Yo no era un... Pero tenía órdenes.

FISCAL GENERAL HAUSNER. —¡Aquí está escrito!

EICHMANN. —Yo me ocupé de este asunto judío por idealismo mientras se trataba de valores constructivos, pero no por los destructivos. Por lo que respecta a lo negativo, yo no era idealista, sino pesimista. Y también escribí eso en alguna parte.

FISCAL GENERAL HAUSNER. —Y cuando usted anuncia en esos términos a varias oficinas que "no hay otros problemas para señalar", eso significaba que las dificultades prácticas de la recepción y el transporte estaban resueltas. Y por lo tanto que la deportación podía empezar.

EICHMANN. —Sí, pero al final está escrito: "Por orden de..."

El fiscal esgrime su documento.

FISCAL GENERAL HAUSNER. —¡Sí, es suficiente! Usted mismo escribió eso.

EICHMANN. —Yo firmé la carta, pero el texto no es mío. Y eso es explicable, porque ese tipo de textos era intercambiado entre los diferentes departamentos.

Risas en la sala.

PRESIDENTE LANDAU. —No admito este tipo de reacciones. Si quieren oír los testimonios deben conservar el silencio.

EICHMANN. —Las instrucciones para la redacción de las cartas eran emitidas por el jefe de departamento a su sección. Entonces la sección estaba encargada de seguir sus instrucciones y escribir la carta. Generalmente se modificaba varias veces, en función del destinatario. Y, paralelamente, el jefe de departamento informaba a la sección, por un sistema de cruces de color, si quería firmar la carta él mismo o si prefería hacerla firmar por el jefe de la policía de seguridad. Esas... instrucciones eran comunicadas por una cruz roja o una cruz azul.

PRESIDENTE LANDAU. —¡Eso no tiene importancia por el momento! Aquí se le hacen preguntas claras, y usted debe dar respuestas claras, en la medida en que pueda hacerlo. ¿Comprende?

EICHMANN. —Sí, Su Señoría.

FISCAL GENERAL HAUSNER. —¿Admite usted que si firmó una carta, incluso redactada por uno de sus colaboradores, es responsable de su contenido?

EICHMANN. —Y bien, naturalmente, si firmé la carta es porque mi superior me había autorizado a hacerlo. Y como él no está aquí para dar testimonio, el que está soy yo.

FISCAL GENERAL HAUSNER. —No era ésa mi pregunta. ¿Asume usted su responsabilidad, sí o no?

EICHMANN. —No puedo ser considerado responsable, pues no veo por qué sería castigado por haber firmado de acuerdo con las órdenes.

FISCAL GENERAL HAUSNER. —Ya nos lo dijo una gran cantidad de veces... Puedo asegurarle –si se me permite– que la Corte ya sabe que su argumento es que las órdenes venían de Müller. Pero era usted el que las redactaba, era usted el que las daba, ¿no es cierto?

EICHMANN. —Le ruego que me disculpe, había olvidado que ya suscitó usted el problema esta mañana. Pero para mí es muy difícil oír decir que yo di órdenes a un comandante. Eso me hace reaccionar automáticamente. No puedo impedirlo. En el futuro trataré de no volver a empezar.

FISCAL GENERAL HAUSNER. —Sí, está muy claro que sus reacciones son automáticas.

Movimientos y risas en la sala.

PRESIDENTE LANDAU. —Les pido que se abstengan de toda reacción... Continúe.

FISCAL GENERAL HAUSNER. —Precisamente está escrito: "Daré otras instrucciones..." Pero usted me dirá una vez más: "Yo no fui".

Risas en la sala.

PRESIDENTE LANDAU. —¡No, no!

EICHMANN. —Ésa es la jerga burocrática oficial. Pero no tiene nada que ver conmigo, Eichmann. Yo no escribía cartas privadas...

- FUNDIDO A NEGRO -

FISCAL BACH. —Ahora, honorable Corte, pasemos a nuestro siguiente documento, el 154, registrado aquí con el número T37 (93), donde dice: "Eichmann convocó al Consejo Judío, en el hotel Majestic, para exponerle el plan. Luego el teniente coronel Eichmann comenzó su discurso. Primero habló de la estrella amarilla de los judíos. Dijo que el Consejo Judío debería suministrarlas. Dijo que debería suministrar alrededor de tres millones. En caso de cambio de dirección, debe estar en conocimiento y dar su acuerdo. Si los judíos se portan convenientemente, nada les pasará".

Más adelante en el informe dice: "Eichmann recuerda el gran interés que tiene por los trabajos artísticos judíos y las bibliotecas judías. Él se ocupa de los asuntos judíos desde 1934 y habla hebreo mejor que nosotros. Nosotros le dijimos que teníamos un museo judío en el que se conservaban antigüedades y libros antiguos. Él dijo que vendría a visitarlo. La comunidad judía debe comprender que no se exige de ella nada más que orden y disciplina".

Pinhas Freudiger, un hombre de unos sesenta años, presta testimonio.

FISCAL BACH. —Señor Freudiger, ¿se encontró usted con Adolf Eichmann en Budapest?

TESTIGO FREUDIGER. —Sí.

FISCAL BACH. —¿Cuánto tiempo duró ese encuentro?

TESTIGO FREUDIGER. —Como máximo media hora.

FISCAL BACH. —Según lo que usted dice, comprendo que el tono general era tranquilizador.

TESTIGO FREUDIGER. —Sí, absolutamente. Ya no me acuerdo si fue durante la primera o la segunda reunión cuando nos dijeron que había que disolver todas las instituciones de la comunidad, porque todo debía estar centralizado en un solo sitio. *"Responsable para con nosotros y con quien podamos negociar."*

FISCAL BACH. —¿Cuántos miembros, cuántos representantes debía tener ese consejo, responsable frente a los alemanes?

TESTIGO FREUDIGER. —Dijeron que debía tener cuatro o cinco personas, no demasiado. No lo llamaron un *Judenrat* (consejo judío). Querían tranquilizarnos, porque se sabía muy bien lo que significaba *Judenrat*. Lo llamaron el *"Zentralerat"*, una especie de comité central de la comunidad judía. Éramos siete personas responsables, y yo era una de ellas.

El juez Halevi interviene para interrogar al testigo, en hebreo.

JUEZ HALEVI. —En el curso de esta reunión se discutió... el acusado propuso, o estuvo de acuerdo, en liberar a los parientes de la radicación en el gueto. Se trataba de los parientes cercanos ¿de quién?

TESTIGO FREUDIGER. —Los parientes de los miembros de ese consejo central.

JUEZ HALEVI. —¿Ustedes habían hecho una demanda para eso?

TESTIGO FREUDIGER. —No. No lo habíamos pedido.

JUEZ HALEVI. —Otra pregunta. ¿En qué medida informaron ustedes de la situación a las diversas comunidades de las ciudades de provincia que fueron deportadas, antes y durante las deportaciones?

TESTIGO FREUDIGER. —Cuando supimos, cuando comprendimos lo que era Auschwitz, los judíos del este y del nordeste de Hungría, o sea, trescientas mil personas, ya habían sido deportadas. Nosotros les habíamos informado. Ya sabían lo que les esperaba. Pero ¿qué podíamos hacer?

Un hombre aúlla y el público reacciona ruidosamente.

PRESIDENTE LANDAU. —¡No, no! ¡Hagan salir a ese hombre! Pido silencio. ¡Pido silencio! Si no se restablece la calma, deberé interrumpir la sesión. Por última vez, reclamo silencio. Podrán discutir más tarde.

El hombre es expulsado.

TESTIGO FREUDIGER. —Le pido perdón, señor presidente... Acerca de lo que dije hace un momento, antes del incidente, ahora la gente dice que no les habían dicho que huyeran. Pero la mitad de la gente que huía era atrapada y, por supuesto, ejecutada. Hoy nos reprochan: "¿Por qué habernos dicho que escapáramos?" Los agarraban simplemente porque no había por donde escapar.

Presidente Landau. —No estoy seguro de que eso responda a la pregunta que se le formuló.

Otro hombre aúlla en la sala. Estrépito general.

El hombre en el público. —¡Él! Él... Ellos nos tranquilizaban para que no nos escapáramos, para que ustedes y sus familias pudieran salvarse.

Presidente Landau. —¡Hagan salir a ese hombre! Aquí se suspende la sesión.

- Fundido a negro -

Fiscal general Hausner. —¿Y no le molestaba ser la gran escolta de la muerte?

Eichmann. —Me fastidiaba enormemente, mucho más de lo que hubiera podido imaginarse. Muy a menudo, en vano, fui a ver a mi superior para pedirle que me confiara otra tarea. He...

Fiscal general Hausner. —¡Pero no por escrito!

Eichmann. —No se usaba por escrito...

Fiscal general Hausner. —¿Nunca por escrito?

Eichmann. —Exacto.

Fiscal general Hausner. —Ahora me gustaría saber cuántas veces por semana se encontraba usted con Müller, señor teniente coronel.

Eichmann. —Por lo menos dos veces. Algunas semanas estaba en contacto todos los días, ya sea por teléfono, o porque él me llamaba a su despacho. Oficialmente, yo iba a verlo con mis legajos dos veces por semana, para consultarlo.

Fiscal general Hausner. —¿Cuánto duraba cada una de esas entrevistas?

Eichmann. —Normalmente llevaban una hora, a lo sumo una hora y media.

FISCAL GENERAL HAUSNER. —Y durante esas reuniones, dos veces por semana, dice usted, ustedes arreglaban las cuestiones corrientes a medida que aparecían. ¿Realmente es así?

EICHMANN. —Sí. Yo le mostraba el conjunto de los legajos que tenía en mi carpeta de consultas. Le pedía instrucciones. A veces decidía inmediatamente, otras conservaba el legajo consigo y discutía el problema con su superior. Eso es lo que pasaba.

FISCAL GENERAL HAUSNER. —¿Quiere decir que él le dictaba todo palabra por palabra, como a una secretaria? ¿O usted tomaba parte en las decisiones? ¿Qué es usted, un teniente coronel o una estenógrafa?

EICHMANN. —Hace un rato conté ya en detalle cómo ocurrían las cosas, según las categorías. Las decisiones y directivas de Müller creaban precedentes, sobre los cuales nos basábamos para casos análogos.

PRESIDENTE LANDAU. —Señor Hausner, ¿pasará usted ahora a otro capítulo?

FISCAL GENERAL HAUSNER. —Sí, Su Señoría. Se acuerda usted de las esterilizaciones...

JUEZ RAVEH. —Señor Hausner, tengo una pequeña cuestión. Si entiendo bien, había tres categorías: una categoría de casos para los cuales había ya un precedente y usted actuaba solo.

EICHMANN. —Sí.

JUEZ RAVEH. —Segunda categoría: los casos sin precedente.

EICHMANN. —Debía consultarlo.

JUEZ RAVEH. —¿Se lo preguntaba sin hacer proposiciones?

EICHMANN. —Así es.

JUEZ RAVEH. —Tercera categoría; en alguna parte entre ambas, tal vez sí, tal vez no.

EICHMANN. —...O yo no sabía.

JUEZ RAVEH. —¿Hacía usted una proposición cualquiera? ¿Cómo lo definiría?

EICHMANN. —No, ninguna forma de proposición. Más bien, yo debía llamarle la atención sobre el hecho de que algunos días o meses antes él había tomado tal medida en un caso semejante. Yo le preguntaba si, en ese caso, él decidía como tres meses antes. Y mi asistente también debía llamarme la atención sobre esto.

JUEZ RAVEH. —Un momento. ¿Sin hacer ninguna proposición?

EICHMANN. —Así es. Mi propio servicio estaba sobrecargado debido a eso, porque había que hacer una nota y abrir un legajo para cada menudencia.

PRESIDENTE LANDAU. —Si era así, ¿por qué Müller no lo destituyó de sus funciones?

EICHMANN. — No lo sé. A mí me hubiera hecho feliz una decisión semejante, pero es posible que... yo era muy meticuloso, muy meticuloso, y obedecía las órdenes. Müller también era... Era un funcionario que había alcanzado un puesto elevado gracias a su orden y precisión. Es posible que precisamente ésa sea una de las razones. Y además, mi comportamiento con la gente no era agresivo. Yo no estaba motivado por la ambición y las ventajas personales, como a menudo ocurre con los funcionarios... Hay algunos que siembran cizaña por pura ambición personal... Yo era obediente y pacífico y no me hacía notar. Puede que eso le...

JUEZ HALEVI. —Yo también me permitiré faltar al procedimiento habitual renunciando un instante al hebreo para interrogar al acusado en su lengua. ¿Nunca le ocurrió tener un conflicto, lo que se llama un conflicto de conciencia, entre su deber y su conciencia?

EICHMANN. —Yo más bien llamaría a eso un estado desdoblado, una especie de desdoblamiento. Un desdoblamiento vivido conscientemente que lo hace pasar a uno indiferentemente de un lado a otro, y viceversa.

JUEZ HALEVI. —Entonces, ¿había que renunciar a su conciencia personal?

EICHMANN. —Sí, de alguna manera. Porque no era posible regularla, ni organizarla uno mismo.

JUEZ HALEVI. —A menos que uno mismo asumiera sus consecuencias.

EICHMANN. —Era posible decir simplemente: "No juego más", pero no sé lo que hubiera ocurrido entonces.

JUEZ HALEVI. —Si uno hubiera tenido más coraje civil, todo habría ocurrido de otra manera. ¿No le parece?

EICHMANN. —Por supuesto, si el coraje civil hubiera estado estructurado jerárquicamente.

JUEZ HALEVI. —Entonces, ¿no era un destino ineludible?

EICHMANN. —Es una cuestión de comportamiento humano. Así es como las cosas ocurrían, era la guerra, las cosas estaban agitadas, todos pensaban: "Es inútil luchar contra eso, sería como una gota de agua en el océano, ¿para qué? No tiene sentido, no hará ni bien ni mal..." Por supuesto, también está ligado a la época, pienso, la época, la educación, es decir, la educación ideológica, la formación autoritaria y todas esas cosas.

JUEZ HALEVI. —En esa época era muy difícil para alguien aceptar las consecuencias de rehusarse a obedecer a las autoridades.

EICHMANN. —Se vivía entonces en una época en la que el crimen estaba legalizado por el Estado. Era la responsabilidad de los que daban las órdenes.

JUEZ HALEVI. —A su juicio, ser idealista como usted pretende haber sido ¿significaba ejecutar lo mejor posible lo que se ordenaba desde arriba?

EICHMANN. —Yo entendía con eso la adhesión al nacionalismo que se predicaba, y, como nacionalista, cumplí mi deber de acuerdo con mi juramento. Así es como yo lo comprendía. Hoy soy consciente de que todo nacionalismo llevado al extremo conduce al peor egoísmo, y, desde allí, no está muy lejos el radicalismo.

JUEZ HALEVI. —Las grandes líneas estratégicas y tácticas del exterminio de los judíos fueron concebidas como una campaña planificada utilizando la guerra psicológica y ese tipo de cosas...

EICHMANN. —En mi opinión, eso se cristalizó progresivamente, a medida que ocurrían las cosas. Y, en caso de necesidad, Himmler daba directamente sus órdenes. No creo que desde el comienzo haya sido una... cómo diré, una... una discusión sobre las acciones que debían desarrollarse, donde se hubieran tenido en cuenta los menores detalles. Pero creo que de alguna manera eso fue el resultado automático de...

JUEZ HALEVI. —De acuerdo. Entonces, usted dice que eso se desarrolló, digamos orgánicamente, con el correr del tiempo.

EICHMANN. —Así es como lo diría.

JUEZ HALEVI. —Por ejemplo, primero son las comunidades judías de Viena, Praga, luego de Berlín, las que fueron puestas bajo el control de la Policía secreta de Estado, para las necesidades de la emigración.

EICHMANN. —Primero centralizaron esas organizaciones judías y la asociación madre.

JUEZ HALEVI. —Pero yo estoy hablando de la Policía secreta de Estado [Gestapo].

EICHMANN. —Sí, sí.

JUEZ HALEVI. —Los funcionarios judíos recibieron como misión registrar a los miembros de las comunidades, con miras a la emigración, arreglar la cuestión de sus bienes y proceder a un control relativamente estricto que facilitó enormemente la emigración.

EICHMANN. —Sí, es cierto.

JUEZ HALEVI. —Luego, ¿las cosas pudieron dar un vuelco tan rápido y simple hacia la deportación?

EICHMANN. —Sí.

JUEZ HALEVI. —¿Y luego vino la idea de los consejos judíos, sobre todo en Polonia?

EICHMANN. —Sí.

JUEZ HALEVI. —¿Y luego para Hungría? ¿Y antes digamos también para Holanda? ¿Es posible que haya comenzado en Holanda, con el consejo judío de Amsterdam, luego en Polonia –o bien simultáneamente– y por último en Hungría?

EICHMANN. —Sí.

JUEZ HALEVI. —Esos consejos judíos, como instrumentos de la política alemana para con los judíos, cómo decirlo, ¿facilitaron considerablemente la ejecución de medidas contra los judíos?

EICHMANN. —Sí.

JUEZ HALEVI. —¿Y permitieron una economía importante de mano de obra y de personal?

EICHMANN. —Sí.

JUEZ HALEVI. —¿Tanto de policías como de funcionarios civiles?

EICHMANN. —Sí.

JUEZ HALEVI. —Al engañar a las víctimas, ¿permitieron facilitar el trabajo y también aplicar a los judíos a la tarea de su propio exterminio?

EICHMANN. —Sí, es cierto.

PRESIDENTE LANDAU. —Traduzca, por favor.

El fiscal se dirige al acusado.

FISCAL GENERAL HAUSNER. —Puede sentarse durante la traducción, que será larga.

PRESIDENTE LANDAU. —Si quiere, puede volver a ponerse los auriculares.

El presidente del tribunal hace una señal al fiscal.

PRESIDENTE LANDAU. —Sí, señor Hausner.

FISCAL GENERAL HAUSNER. —Cuando usted dio la orden –en T/746, lo que en nuestro documento corresponde al núm. 266– de enviar los trenes a Cholm, ¿cuáles eran sus destinos?

EICHMANN. —Y bien, aquí está escrito: a Cholm.

FISCAL GENERAL HAUSNER. —En otras palabras, a Sobibor, ¿no es cierto?

EICHMANN. —Que yo sepa, Cholm no está en el mismo sitio que Sobibor.

FISCAL GENERAL HAUSNER. —De hecho, es la estación de donde usted despachaba a la gente a Sobibor, Treblinka y Majdanek.

EICHMANN. —Aquí dice "Cholm", así que debe ser Cholm.

FISCAL GENERAL HAUSNER. —Dice "vía Cholm".

EICHMANN. —¿Que la gente era enviada de Cholm?...

FISCAL GENERAL HAUSNER. —Cuando usted daba la orden de enviar a la gente en dirección a Cholm, ¿cuál era su destino final? Los campos de exterminio. ¿Lo dirá claramente? Usted pretende que no quiere eludir nada, entonces dígalo francamente.

EICHMANN. —A Cholm. En Cholm también había... En mi declaración dije cómo fui enviado allí por mi jefe de departamento, y que vi cómo eran gaseados los judíos, e hice un informe.

FISCAL GENERAL HAUSNER. —¡Pero no, usted hablaba de Kulmhof!

EICHMANN. —Pero es lo mismo.

FISCAL GENERAL HAUSNER. —¡No, no es lo mismo!

PRESIDENTE LANDAU. —Kulmhof es Chelmno.

EICHMANN. —Kulmhof.

PRESIDENTE LANDAU. —Hay un lugar que se llama Kulmhof.

FISCAL GENERAL HAUSNER. —Pero no Cholm.

PRESIDENTE LANDAU. —Bueno, Kulm o Kulmhof...

FISCAL GENERAL HAUSNER. —Kulm es... ¡el nombre polaco de Chelm, señor!

PRESIDENTE LANDAU. —No, hay un Kulm en el Warthegau.

FISCAL GENERAL HAUSNER. —Sí, sí.

PRESIDENTE LANDAU. —Y lo mismo con Kulmhof.

FISCAL GENERAL HAUSNER. —Sí, pero no Cholm.

PRESIDENTE LANDAU. —De acuerdo. Yo digo que, en polaco, Kolm, Kulm, Kulmhof, es Chelmno.

FISCAL GENERAL HAUSNER. —No, está Chelmno y Chelm. Es diferente.

PRESIDENTE LANDAU. —Sí, bueno, de acuerdo. Pero entonces ¿cuál es el nombre polaco de Kulm o Kulmhof?

FISCAL GENERAL HAUSNER. —¿De Kulmhof? Chelmno.

PRESIDENTE LANDAU. —¡Es lo que yo decía! Por lo tanto no es Cholm. Kulm y Kulmhof están cerca.

FISCAL GENERAL HAUSNER. —Es parecido. Creo que sí.

JUEZ HALEVI. —Lo siento mucho, todavía no entendí nada. El Kolm de ese telegrama, Kolm...

FISCAL GENERAL HAUSNER. —¡Cholm!

JUEZ HALEVI. —¿Cholm no está en el Warthegau?

FISCAL GENERAL HAUSNER. —No, en el Gobierno general. Es el famoso Chelm.

JUEZ HALEVI. —¿Lo sabe el acusado? Incluso dice: "Gobierno general".

FISCAL GENERAL HAUSNER. —¡Pregúntele! Él es el que habla del Warthegau.

JUEZ HALEVI. —Pregunto al acusado: "¿Sabe usted si se trata de Kulm o Kulmhof, en el Warthegau?"

EICHMANN. —Sí, veo que dice *Generalgouvernement*. Lo siento, pensaba que Cholm era Kulm, Kulmhof. Pero no estoy tratando de sustraerme, como lo dice el fiscal general. En mi declaración indiqué que había ido allí. Simplemente es que cuando leí "Cholm" estaba seguro de que era Kulm en el Warthegau.

FISCAL GENERAL HAUSNER. —Y a partir de ahí eran enviados al exterminio, ¿no es cierto?

EICHMANN. —Nunca estuve en Cholm, pero es totalmente posible, y no descarto la posibilidad de que tal vez hubiera podido ser un campo de exterminio. Pero yo no lo sé.

- FUNDIDO A NEGRO -

VOZ EN OFF. —El Führer ordenó la destrucción, la destrucción física de los judíos.

EICHMANN. —Yo recibí la orden de presentarme a Heydrich. Él me dijo: "El Führer ordenó la destrucción, la destrucción física de los judíos". Me dio la orden de ir a Lublin y contactarme con Globocnik. Cuando llegué a Lublin, la instalación todavía no estaba en servicio. Volví a Berlín, donde hice mi informe y, según las consignas, informé a mi superior, el general Müller, así como al jefe de la policía de seguridad, de lo que había visto.

Mi segundo viaje no lo ordenó Heydrich sino Müller, quien me dijo que debía dirigirme al Warthegau y me informó que los judíos eran gaseados en Kulm, o Kulmhof. Él quería un informe sobre la manera en que las cosas ocurrían. En Kulmhof observé el proceso, de acuerdo con las órdenes. Tomé notas y volví a Berlín, donde hice un informe a Müller sobre lo que había visto. Tras haberle hecho mi informe le pedí por primera vez que me destinara a otra función, porque no me sentía en mi lugar en este asunto. Müller me respondió que un soldado en el frente no podía escoger su sitio sino que debía cumplir su deber, cualquiera que fuera su puesto.

Luego de esta visita a Kulm volví a ser enviado en misión por Müller, esta vez a Minsk. Müller me dijo que en Minsk se realizaban ejecuciones y que quería un informe al respecto. Llegué a Minsk, donde justamente estaba a punto de terminarse una operación de exterminio. Vi a soldados tirando sobre una multitud de gente de pie en un foso. Fue en esta ocasión, como ya lo dije, cuando vi cómo mataban a un niño en los brazos de su madre.

Sólo fue tras mis visitas a esos lugares, de acuerdo con las órdenes, y tras haber informado lo que había visto, cuando recibí la orden de ir a Auschwitz para informar esta cuestión a Müller.

Luego volví a recibir la orden de ir a Lublin. Debía entregar al general Globocnik una carta que le encargaba... que lo autorizaba a matar a ciento cincuenta mil o a doscientos cincuenta mil judíos. La razón de esto es que todavía recuerdo haber oído que Globocnik había tenido la curiosa ocurrencia de recibir esa autorización por escrito, luego de los hechos. Aparentemente es lo que había pedido. Pero también recuerdo haber pasado en auto por Lemberg, en los suburbios, y haber visto algo que jamás había visto antes, una fuente de sangre. Pasé por un lugar donde habían sido fusilados judíos poco tiempo antes y –probablemente como resultado de la presión de los gases– la sangre surgía de la tierra como un chorro de agua.

Fueron los cuatro viajes oficiales que hice en servicio bajo órdenes y en cuyo transcurso estuve en contacto directo con el exterminio de los judíos. Eso lo viví contra mi voluntad. Debía obedecer, debía hacerlo. No tengo otro testimonio al respecto.

FISCAL GENERAL HAUSNER. —A su manera de ver, ¿alguien que se ocupaba del exterminio de los judíos era un criminal?

EICHMANN. —Era un hombre desdichado.

FISCAL GENERAL HAUSNER. —¿Era un criminal?

EICHMANN. —No quiero aventurarme a responder esa pregunta, porque nunca estuve en tal situación.

FISCAL GENERAL HAUSNER. —Usted vio que Hess hacía eso en Auschwitz. ¿Lo consideró usted como un criminal, un asesino? ¿Un criminal, o no?

EICHMANN. —Tenía piedad de él, estaba desolado por él.

FISCAL GENERAL HAUSNER. —¿Lo consideraba como un criminal, sí o no?

EICHMANN. —No revelaré mis sentimientos íntimos.

El fiscal, al presidente del tribunal.

FISCAL GENERAL HAUSNER. —Apelo a la Corte.

El presidente del tribunal, al acusado.

PRESIDENTE LANDAU. —Responderá usted todas las preguntas, hasta que yo lo dispense de hacerlo.

EICHMANN. —Sí, señor presidente, estoy dispuesto. Pero tengo la sensación de ser asado aquí como un bife sobre una parrilla.

PRESIDENTE LANDAU. —Adelante, señor Hausner.

FISCAL GENERAL HAUSNER. —Es una pregunta de la que no podrá escapar. ¿Cómo consideró usted la empresa de exterminio y a la gente que participaba en ella? Responda.

EICHMANN. —Un hombre puede encontrarse en una situación que lo vuelva casi loco, y donde bastaría una nada, ni siquiera un acto reflejo para que agarre su pistola. Cómo reacciona a eso la persona depende del individuo. Yo sólo puedo decir cómo, probablemente, yo habría reaccionado a eso. Si hubiera sido destinado al exterminio, probablemente me habría disparado una bala en ese momento, creo. Por supuesto, no puedo decir con certeza cuál habría sido mi reacción. Pero... teniendo en cuenta mis reacciones y lo que entonces sabía, creo que habría puesto fin a mis días, para zafar de todo ese asunto.

FISCAL GENERAL HAUSNER. —En el transcurso de sus interrogatorios por la policía, al final de su primera declaración, usted dijo: "Sé que voy a ser juzgado culpable de complicidad de asesinato. Está claro que corro el riesgo de la pena de muerte. No solicito ninguna indulgencia, porque no la merezco". Dijo usted que estaba dispuesto a colgarse en público para expiar los crímenes abominables que fueron perpetrados. Son sus propias palabras, tal y como figuran en la página 361 de su declaración. Por consiguiente, ¿se reconoce usted cómplice del asesinato de millones de judíos?

EICHMANN. —Desde el punto de vista jurídico...

FISCAL GENERAL HAUSNER. —¡Mi pregunta no es jurídica! ¿Se considera usted culpable de complicidad en el asesinato de millones de judíos, sí o no?

EICHMANN. —Culpable desde el punto de vista humano sí, porque soy culpable de haber organizado las deportaciones. Los lamentos son inútiles... nadie puede ser devuelto a la vida con lamentos. Los lamentos no hacen ningún bien, lamentar las cosas es inútil, los lamentos están bien para los niños. Lo que es más importante es encontrar el medio, en el futuro, de impedir que tales acontecimientos sean posibles en el futuro.

Y tengo el propósito de pedir la autorización, tras el proceso, de escribir todas estas cosas en forma de un libro en el cual podré expresarme libremente. Estoy dispuesto a llamar a las cosas por su nombre, para servir de ejemplo disuasivo a las generaciones de hoy y del futuro.

PRESIDENTE LANDAU. —Un momento, señor fiscal general. Ahora me dirijo al acusado. Quiero que comprenda usted bien que es su deber decir aquí todo lo que pueda escribir en el libro que acaba de mencionar. Llame a las cosas por su nombre ahora, como lo haría en ese libro. Ése es su deber... exactamente como lo hubiera hecho, o como lo haría en un libro. Sin ocultar nada.

EICHMANN. —Bien, muy bien. Ya que me pidió usted, señor presidente, que diera aquí una respuesta clara, y bien, quiero declarar que considero ese crimen, el exterminio de los judíos, como uno de los mayores de la historia de la humanidad.

Declararé para terminar que ya, en esa época, personalmente, consideraba que esa solución violenta no estaba justificada. La consideraba como un acto monstruoso. Pero para mi gran pesar, al estar ligado por mi juramento de lealtad, en mi sector debía ocuparme de la cuestión de la organización de los transportes. Y no fui relevado de ese juramento...

Por lo tanto, no me siento responsable en mi fuero interno. Me sentía liberado de toda responsabilidad. Estaba muy aliviado de no tener nada que ver con la realidad del exterminio físico. Estaba bastante ocupado con el trabajo que me habían ordenado que hiciera. Estaba adaptado a ese trabajo de oficina en la sección, e hice mi deber, según las órdenes. Y nunca me reprocharon haber faltado a mi deber. Todavía hoy, debo decirlo.

- FIN -

ANEXOS

Bibliografía

Además de las obras citadas en el texto y que figuran en las notas, hemos utilizado, sin referencia directa, los siguientes libros y filmes:

OBRAS

ARENDT, Hannah, *Le Système totalitaire*, París, Le Seuil, col. "Points/Essais", reed. 1995 [*Los orígenes del totalitarismo*, Madrid, Taurus, 1999].
——————, *Penser l'événement*, París, Belin, 1989.
BAECQUE, Antoine de y Christian Delage (dirs.), *De l'histoire au cinéma*, París, Complexe, col. "Histoire du temps présent", 1998.
BÉDARIDA, François y Laurent Gervereau (dirs.), *La déportation, le Système concentrationnaire nazi*, edición Museo de Historia Contemporánea-BDIC, difusión La Découverte, 1995.
BENJAMIN, Walter, *Sur l'art et la photographie*, París, Carré, 1997.
BOLTANSKI, Christian, *Sans-Souci*, Colonia, Ed. Christian Boltanski und die Herausgeber Frankfurt am Main, 1991.
BRANDT, Joël, *En mission pour les condamnés à mort*, Tel Aviv, Einot, 1957 (edición israelí).

CENTRE DE DOCUMENTATION JUIVE CONTEMPORAINE (CDJC), *Le dossier Eichmann et la solution finale de la question juive*, Ed. du Centre, 1960.

COURTINE-DENAMY, Sylvie, *Hannah Arendt*, París, Belfond, 1994.

Eichmann par Eichmann, París, Grasset, 1971.

ELAM, Yigal, *The Executors*, Jerusalén, Keter Publishing House, 1990.

ÉNEGREN, André, *La Pensée politique d'Hannah Arendt*, París, PUF, 1984.

EVRON, Boas, *A National Reckoning*, Dvir Publishing House, 1988 (edición israelí).

FAZELMAN, Moshe, *La Marque de Caïn. Sur l'affaire de l'omission du sauvetage, de l'impuissance et de l'insensibilité du leadership sioniste mondial et de l'Agence juive durant les années de la Shoah et de la destruction, 1939-1945*, Herzelia, Orim, 1988.

FERRO, Marc, *Cinéma et Histoire*, París, Gallimard, col. "Folio Histoire", 1993 [*Historia contemporánea y cine*, Barcelona, Ariel, 1995].

FINKELSTEIN, Norman G. y Ruth B. Birn, *A Nation on Trial*, First Owl Books Editions, 1998.

FINKIELKRAUT, Alain, *La Mémoire vaine: du crime contre l'humanité*, París, Gallimard, col. "Folio Essais", 1989.

FIRER, Ruth, *The Agents of Zionist Education*, Kibutz Ha-'meuhad & Sifriat Ha'poalim, 1985.

FRIEDLÄNDER, Saul, *Reflets du nazisme*, París, Le Seuil, 1982.

GANS, Chaim, *Philosophical Anarchism and Political Disobedience*, Cambridge, Cambridge University Press, 1992.

GROSSER, Alfred, *Le Crime et la Mémoire*, París, Flammarion, col. "Champs", 1991.

HÉRITIER, Françoise (dir.), *De la violence*, París, Odile Jacob, col. "Opus", 1996.

Jean-Luc Godard par Jean-Luc Godard, t. II: 1984-1998, ed. establecida por Alain Bergala, Cahiers du Cinéma, 1998.

KLIBANSKI, Raymond y Georges Leroux, *La Philosophie et la Mémoire du siècle*, París, Les Belles Lettres, 1998.

L'Histoire (Intr. por Michel Winock), *Les années 30, de la crise à la guerre*, París, Le Seuil, col. "Points-Histoire", 1990.

LEIBOWITZ, Yeshayaou, *Peuple, Terre, État*, traducido del hebreo por Gérard Haddad y Catherine Neuvéglise, París, Plon, 1995.

LEVINAS, Emmanuel, *Quelques Réflexions sur la philosophie de l'hitlérisme*, París, Rivages, col. "Rivages Poche", 1997 [de próxima aparición Fondo de Cultura Económica].

LIAUSU, Claude, *Race et civilisation, L'autre dans la culture occidentale*, antología histórica, París, Syros, 1992.

MENUCHIN, Ishai (dir.), *On Democracy and Obedience*, Ed. Yesh Gvul Movement & Siman Kri'a Books, 1990 (edición israelí).

MENUCHIN, Ishai y Dina (dirs.), *The Limits of Obedience*, Ed. Yesh Gvul Movement & Siman Kri'a Books, 1985 (edición israelí).

MOMMSEN, Hans, *Le national-socialisme et la société allemande. Dix essais d'histoire sociale et politique*, París, Maison des sciences de l'homme, 1998.

NICOLAÏDIS, Dimitri (dir.), *Oublier nos crimes: l'amnésie nationale, une spécificité française*, París, Autrement, col. "Mutations", 1994.

Norbert Elias par lui-même, Agora Pocket, 1995.

OHANNA, David y Robert S. Wistrich, *Myth and Memory Transfigurations of Israeli Consciousness*, Van Leer Jerusalem Institute Hakkiboutz Hameouchad Publishing House, 1996 (edición israelí).

PAXTON, Robert, *La France de Vichy, 1940-1944*, París, Le Seuil, col. "L'univers historique", 1997.

ROVIELLO, Anne-Marie, *Sens commun et modernité chez Hannah Arendt*, Bruselas, Ousia, 1988.

SARFRANSKI, Rüdiger, *Heidegger et son temps*, París, Grasset, 1996.

SERENY, Gita, *Au fond des ténèbres*, París, Denoël, 1993.

SHELEFF, Leon, *The Voice of Honor: Civil Disobedience and Civic Loyalty*, Ramot Publishing Co, Tel Aviv University, 1989.

SHOHAT, Ella, *Israeli Cinema: East/West and Politics of Representation*, Texas, University of Texas Press, 1989.

SPIEGELMAN, Art, *Maus*, París, Flammarion, 1992 [*Maus*, Barcelona, Muchnik Editores, 1989].

TAGUIEFF, Pierre-André, *La Couleur et le Sang*, París, Mille et une nuits, col. "Les Petits Libres", 1998.

TERNON, Yves, *L'État criminel: les génocides au XXe. siècle*, París, Le Seuil, col. "XXe. siècle", 1995.

TODOROV, Tzvetan, *Les Abus de la mémoire*, Arléa, 1995.

VACQUIN, Monette (dir.), *La Responsabilité*, Serie "Morales Autrement", núm. 14, 1994.

VIDAL-NAQUET, Pierre, *Les Assassins de la mémoire: un Eichmann de papier et autres essais sur le révisionnisme*, París, La Découverte, 1991.

WEIDLING, Paul, *L'Hygiène de la race*, París, La Découverte, 1998.

WIEWIORKA, Annette, *Le Procès Eichmann*, Bruselas, Complexe, 1989.

WINSTON, Brian, *Claiming the Real, The Documentary Film revisited*, Ed. British Film Institute, 1995.

ZWEIG, Stefan, *Le monde d'hier, souvenirs d'un Européen*, París, Belfond, 1991.

REVISTAS

"Hannah Arendt", *Esprit*, núm. 42, junio de 1980.

"Les interprétations de l''Holocauste': un danger pour le peuple juif", por Boas Evron, "L'ombre de l'holocauste", por Israel Shahak, *Revue d'études palestiniennes*, núm. 2, invierno de 1982.

"Nüremberg, le procès des nazis", *L'Histoire*, núm. 136, septiembre de 1990.

"History and Cinema", *Zmanim*, núm. 39-40, 1991.

"Memory, Testimony, Myths and History", *Zmanim* (School of History, Tel Aviv University), núm. 45, 1993.

"Le racisme, des origines aux génocides du XXe. siècle", *L'Histoire*, núm. 214, octubre de 1997.

"Se souvenir, enseigner, transmettre", *Le Débat*, núm. 96, septiembre-octubre de 1997.

"Le triomphe des nazis, 1938", *L'Histoire*, núm. 218, febrero de 1998.

"Auschwitz, la solution finale", *Les Collections de L'Histoire*, fuera de serie, núm. 3, octubre de 1998.

FILMOGRAFÍA

1940, Charlie Chaplin, *Le Dictateur*.

1942, Ernst Lubitsch, *To Be or not to Be*.

1967, Marcel Ophuls, *Munich, 1938, ou la paix pour cent ans*.

1976, Marcel Ophuls, *The Memory of Justice*.

1988, Marcel Ophuls, *Hôtel Terminus*.

1998, Richard Dindo, *L'Affaire Grüninger*.

1960, Henri-Georges Clouzot, *La Vérité*.

1947, Roberto Rossellini, *Allemagne, année zéro*.

1941, Orson Welles, *Citizen Kane*.

1993, Paul Pawlikowski, *Serbian Epics*.

1995, Andrej Ujika, *Out of the Present*.

1993, Ido Sela, *Témoignages, les soldats israéliens et l'Intifada*.

1995, Vincent Monnikendam, *Mother Dao, The Turtlelike*.

Notas

[1] Hannah Arendt, *Eichmann en Jerusalén. Informe sobre la banalidad del mal*, Barcelona, Lumen, 1ra ed., 1967, reimp. 1997.

[2] Citado en el Prefacio de Pierre Vidal-Naquet a Christopher Browning, *Des hommes ordinaires, le bataillon de réserve de la police allemande en Pologne*, París, Les Belles Lettres, 1994.

[3] Stanley Milgram, *Soumission à l'autorité*, París, Calmann-Lévy, 1974.

[4] Anne-Marie Roviello, "Arendt", en: *Dictionnaire d'éthique et de philosophie morale*, París, PUF, 1966, p. 88.

[5] Citado en Jacob Robinson, *And the crooked shall be made straight*, Jerusalén, Bialik Institute, 1966 (edición hebrea).

[6] Pierre Vidal-Naquet, *Les juifs, la mémoire et le présent*, t. III, p. 274, en *Qui sont les assassins de la mémoire?*

[7] Philippe Burin, "L'autorité", en Pascal Ory (dir.), *Nouvelle Histoire des idées politiques*, París, Hachette, 1987, p. 410.

[8] Hannah Arendt, *Eichmann en Jerusalén...*, ob. cit., p. 476.

[9] Citado por Tom Seguev en *Le septième million. Les israéliens et le génocide*, París, Ed. Liana Lévi, 1993, p. 387.

[10] Citado por Moshe Dayan, en *Tkuma* (Renaissance), *les cinquante premières années*, serie documental de 22 horas producida por Israel Broadcasting Authority, 1988.

[11] Ydith Zertal, "Saints et martyrs: les fondements d'une martyrologie nationale", en: *Zmanim*, núm. 48 (en hebreo).

[12] Tom Seguev, *Le septième million. Les israéliens et le génocide*, ob. cit., p. 193.

[13] Citado por J.-M. Chaumont, *La concurrence des victimes*, París, La Découverte, 1997, p. 29.

[14] Tom Seguev, *Le septième million. Les israéliens et le génocide*, ob. cit., p. 193.

[15] Éric Conan, *Le Procès Papon, un journal d'audience*, París, Gallimard, 1998, p. 32.

[16] Citado por Tom Seguev en *Le septième million. Les israéliens et le génocide*, ob. cit., p. 216.

[17] Ruth Firer, *Agents of the Holocaust Lesson*, Hakibbutz Hameuchad Publishing House Ltd., 1989.

[18] Hannah Jablonka, historiadora de la Universidad Ben Gurion, Beer Sheva, extraído del periódico *Ha'aretz* del 27 de diciembre de 1996.

[19] Citado por Tom Seguev en *Le septième million. Les israéliens et le génocide*, ob. cit., p. 185.

[20] Ibídem, p. 389.

[21] Giddeon Hausner, *Justice à Jérusalem*, París, Flammarion, 1976, p. 580.

[22] Christopher Browning, *Des hommes ordinaires, le bataillon de réserve de la police allemande en Pologne*, París, Belles-Lettres, 1994.

[23] Eyal Sivan, *Itgaber*, 1993.

[24] Véase entrevista a Myriam Koolik, en *Ha'aretz*, 14 de septiembre de 1995.

[25] *Procès Eichmann: les discours de l'accusation*, Jerusalén, Ediciones del Centre d'explication du Premier ministre, 1962.

[26] *Procès Eichmann: témoignages*, 2 vol., Jerusalén, ediciones del Centre d'explication du Premier ministre, 1962.

[27] Gershom Sholem, "Le procès Eichmann, dèbat avec Hannah Arendt", en *Fidélité et utopie*, Agora Pocket, 1992, p. 225.

[28] Citado en la revista *Images-Documentaire*, núm. 18/19, 1994, p. 27.

[29] Henry Rousso, *Le Syndrome de Vichy, de 1944 à nos jours*. Le Seuil, col. "Points Histoire", 1987.

[30] Véase Ydith Zertal, "Saints et martyrs: les fondements d'une martyrologie nationale", ob.cit.

[31] *Correspondance Hannah Arendt-Karl Jaspers, 1926, 1969*, Payot, 1996, p. 100.

[32] Élie Wiesel, "Une souffrance sans nom", prefacio a *L'Holocauste à l'écran*, Cinémaction 32, p. 5.

[33] Myriam Revault d'Allonnes, "Oser vouloir comprendre", *Le Monde*, 3 de julio de 1997.

[34] Tzvetan Todorov, *Face à l'extrême*, Le Seuil, 1991, p. 19.

[35] Élie Wiesel, ob. cit.

[36] Hannah Arendt, *Eichmann en Jerusalén*, ob. cit., p. 205.

[37] Monika Borgman, *Die Zeit*.

[38] Primo Levi, *Naufragés et rescapés*, Gallimard, 1997, p. 42.

[39] Tom Seguev, ob. cit., pp. 28-31.

[40] Ben Gurion, Discours au Comité Central du Parti Travailliste [discurso del Comité Central del Partido Trabajador].

[41] Raul Hilberg, *Exécuteur, victimes, témoins*, Gallimard, col. "NRF essais", 1994, p. 128.

[42] *The trial of Adolf Eichmann, record of proceedings in the district court of Jerusalem*, Ed. The Trust for the publication of the proceedings

of the Eichmann trial, en colaboración con Israel State Archive y Yad Vashem - the Holocaust martyrs' and heroes' remembrance authority, 6 vol., t. II, 1994, p. 847.

[43] Ibídem, t. I, p. 297.

[44] Henri Minczeles, *Histoire générale du Bund, un mouvement révolutionnaire juif,* Éd. Austral, 1995, p. 407.

[45] Ibídem, p. 420.

[46] Ibídem, p. 411.

[47] Jacob Robinson, ob.cit., p. 161.

[48] Pierre Vidal-Naquet, *Les juifs, la mémoire et le présent,* ob. cit., t. II, p. 241.

[49] Katy Hazan, *Histoires des enfants juifs de France après la Shoah,* tesis de historia en curso.

[50] Raul Hilberg, *La politique de la mémoire,* Arcades Gallimard, 1996, p. 105.

[51] Haim Guri, *La Cage de verre,* Albin Michel, 1964, p. 109.

[52] Raul Hilberg, *La Destruction des juifs d'Europe,* Fayard, 1988, p. 900.

[53] Ibídem.

[54] Citado por Ydith Zertal, en "Saints et martyrs: les fondements d'une martyrologie nationale", ob. cit.

[55] Shabtai Beit-Zvi, *Post Ugandian Zionism in the crucible of Holocaust,* Bronfan Publishers, 1977, p. 448 (en hebreo).

[56] Arno Mayer, *La Solution finale dans l'histoire,* La Découverte, 1990, p. 151.

[57] Jean-Claude Favez, *Une mission impossible? Le CICR, les déportations et les camps nazis,* Lausanne, Payot, 1988.

[58] Haim Guri, ob. cit., p. 144.

[59] Citado por Martine Leibovici, ob. cit., p. 424.

[60] Raul Hilberg, *La politique de la mémoire,* ob. cit., p. 57.

[61] Jean-Michel Frodon, *La projection nationale,* Cinéma et nation, Odile Jacob, 1998.

[62] Roland Barthes, "Photos-chocs", en *Mythologies,* Le Seuil, col. "Points-Essais", 1992, p. 107.

Se terminó de imprimir
en el mes de marzo de 2000

www.ingramcontent.com/pod-product-compliance
Lightning Source LLC
Chambersburg PA
CBHW051836090426
42736CB00011B/1828